本专著为2019年度教育部人文社会科学青年基金项目"教学学术质量测度与提升路径研究"（19YJC880074）、山东省教育规划课题"山东省大学生学业评价改革研究"（YZ2019047）的阶段性成果

教学学术视角下的高校教学改革与发展

宋燕 著

九州出版社
JIUZHOUPRESS

图书在版编目（CIP）数据

教学学术视角下的高校教学改革与发展 / 宋燕著
. -- 北京：九州出版社，2022.11
　　ISBN 978-7-5225-1422-2

　　Ⅰ.①教… Ⅱ.①宋… Ⅲ.①高等学校—教学改革—
研究—中国 Ⅳ.① G642.0

中国版本图书馆 CIP 数据核字（2022）第 218840 号

教学学术视角下的高校教学改革与发展

作　　者	宋燕 著
责任编辑	蒋运华
出版发行	九州出版社
地　　址	北京市西城区阜外大街甲 35 号（100037）
发行电话	（010）68992190/3/5/6
网　　址	www.jiuzhoupress.com
印　　刷	三河市龙大印装有限公司
开　　本	710 毫米 ×1000 毫米　16 开
印　　张	13.5
字　　数	162 千字
版　　次	2023 年 3 月第 1 版
印　　次	2023 年 3 月第 1 次印刷
书　　号	ISBN 978-7-5225-1422-2
定　　价	56.00 元

目录

第一章　教学学术国外研究述评 ………………………………… 1

　第一节　教学学术的内涵 ……………………………………… 1

　第二节　教学学术的评价标准 ………………………………… 5

　第三节　教学学术的实践发展 ………………………………… 7

第二章　基于双重身份的教学学术内涵解读 ………………… 14

　第一节　作为学术的教学学术内涵解读 …………………… 15

　第二节　作为教学的教学学术内涵解读 …………………… 19

第三章　我国大学教学专业化的问题反思 ………………… 25

　第一节　我国大学教学专业化现状 ………………………… 25

　第二节　大学教学专业化程度不高的观念原因 …………… 27

　第三节　大学教学专业化程度不高的实践原因 …………… 29

　第四节　教学学术：提升大学教学专业化程度的观念支持 ………… 31

第五节　教学学术理念下的大学教学实践变革……………………34

第四章　基于教师专业发展的高师教育改革………………………38

第一节　宏观体制改革………………………………………39

第二节　教师专业发展水平的改革提升……………………45

第三节　教师地位、待遇的改革提升………………………51

第四节　"新师范"：师范教育发展的新阶段……………53

第五章　我国大学教学评价制度的反思与重构…………………55

第一节　教学评价：大学教学现实问题的制度核心………55

第二节　教学学术视野中的大学教学………………………58

第三节　教学学术视野中的大学教学评价制度构建………61

第六章　我国高校绩效评价的反思与展望………………………65

第一节　高校绩效评价的内涵………………………………66

第二节　绩效评价在高等教育领域中应用的适切性和

有限性…………………………………………………67

第三节　对我国现行高校绩效评价的反思与展望………69

第七章　从"教学学术"看普通高校本科教学工作水平评估………74

第一节　什么是"教学学术"………………………………74

第二节 "教学学术"：普通高校本科教学工作水平评估的
理论依据·· 76

第三节 普通高校本科教学工作水平评估中存在的问题········· 77

第四节 对普通高校本科教学工作水平评估的几点建议········· 79

第八章 教向学的重心转换：现代大学教学的育人功能审思 ······ 82

第一节 分离的教学：理性的人································· 83

第二节 科技化的教学：病态的人····························· 86

第三节 浮躁的教学：功利的人······························· 89

第四节 自然法缺失的教学：淡漠的人························· 90

第五节 反思与建构：现代大学教学育人功能的回归··········· 92

第九章 基于信号发送理论的大学生学习投入度提升探索········· 97

第一节 教学质量的根基：学习投入度························· 97

第二节 信号发送理论视角下的学习投入度：问题和归因 ····· 100

第三节 完善信号发送机制：大学生学习投入度的提升策略 ··· 105

第四节 信号发送理论与教学实践变革：规避的问题 ·········· 108

第十章 基于学习效能提升的教学理念变革：沉思性教育 ········ 110

第一节 沉思性教育的内涵 ·································· 111

第二节 沉思性教育的缘起 ·································· 117

第三节 沉思性教育的教育价值 ······························ 121

第十一章 学术性与职业性的融合：高等教育质量观的新取向 ······ 132

第一节 学术性与职业性：高等教育质量观的基点 ·········· 132

第二节 高等教育质量观的演变和文化制约 ··············· 134

第三节 学术性与职业性的融合：必要性和合理性 ·········· 137

第四节 学术性与职业性融合的路径 ···················· 140

第十二章 基于应用观的地方普通高校人才培养模式变革 ········ 143

第一节 地方普通高校人才培养模式中的应用观 ············ 145

第二节 应用观的审思与现代应用观的确立 ··············· 147

第三节 基于现代应用观的地方普通高校人才培养模式变革 ··· 150

第四节 地方普通高校人才培养模式变革的保障 ··········· 155

第十三章 学术性与职业性融合质量观取向下的大学课程变革 ····· 159

第一节 社会思维方式的困境及其变革 ·················· 160

第二节 社会发展与思维方式的变革 ···················· 161

第三节 大学课程在社会思维方式变革中的地位与作用 ······· 163

第四节 中国大学课程设置的现状及改革的几点建议 ··········· 165

第十四章 基于社会需求的公共管理学科研究生"1+3"培养

      模式研究——以山东财经大学为例 ·············· 174

第一节 公共管理学科研究生培养的社会需求 ············· 175

第二节　明确基于社会需求的公共管理学科研究生的素质

　　　　特征 ………………………………………………… 177

第三节　公共管理学科研究生培养的现实困境 …………… 183

第四节　基于社会需求的山东财经大学公共管理学科研究生

　　　　培养体系 ………………………………………… 186

第五节　山东财经大学公共管理学科研究生"1+3"培养

　　　　模式的主要内容 ………………………………… 189

第六节　山东财经大学公共管理学科研究生"1+3"培养

　　　　模式的保障机制 ………………………………… 191

参考文献 ……………………………………………………… 196

第一章

教学学术国外研究述评

第一节　教学学术的内涵

一、教学中心范式下的教学学术

　　教学学术的提出者欧内斯特·博耶认为，教学学术要求教师"见闻广博"，"主动学习并鼓励学生成为批判性、创造性的思考者，进而拥有进一步学习的能力"。同时，他指出好的教学要求教师既应是一名学者，又应作为知识的传播者存在①。在博耶的基础上，赖斯认为

---

① Boyer，Ernest L.，*Scholarship Reconsidered：Priorities for the Professoriate*，Carnegie Foundation for the Advancement of Teaching，Princeton，NJ.. 1990，p. 24.

教学学术包含三个重要因素：句法能力、教育内容知识和学习理论知识[1]。博耶仅强调知识如何由教师向学生传递和传播，但没有重视学生的主动性。赖斯也仅假设学生学习的关键在于从教师提供的知识中获得意义。他们仅局限于对教师的关注，是教师中心的范式。但随着知识的发展，学习变得更加复杂多样，要求学生与教师一起作为知识和学习的生产合作者[2]。新时代要求高等教育教学完成由教学范式到学习范式的转变，学生的学习开始进入人们的关注视域。

二、范式的转变：学生进入视域

受到新范式的影响，舒尔曼认为教和学是紧密联系的两个方面，因此教学学术既应是关于教的学术，也应是关于学的学术，即它是对教和学的问题进行系统的研究[3]。"就像学生采取不同的方式学习一样，大学教师也采取不同的方式教学。他们自己对于教学情境的感知决定了不同教师在相同情境或不同情境中所采取的教学方式不同，即使采用同样的教学方式，其结果也会不同。"[4] 他提出了"教与学的学

---

① Rice, R. E., *Toward a broader conception of scholarship: the American context*, In Whiston. TG and Geiger RL (eds), Research and Higher Education, The United King domand the United States. Society for Research into Higher Education and Open University Press, Buckingham, 1992, 11, p. 125.

② Barr, Robert B., and Tagg, John., "From teaching to learning—a new paradigm for undergraduate education," *Change*, 1995, Nov/Dec95, Vol. 27, Issue 6: 15.

③ Shulman, Lee S., "Taking learning seriously," *Change*, 1999, Jul/Aug, Vol. 31, Issue 4: 11—17.

④ Prosser, Michael. & Trigwell Keith., *Understanding learning and teaching: The experience in higher education*, Buckingham: Society for Research into Higher Education and Open University Press, 1999.

术"，并获得了广泛认可。这样一来，"教学学术"（Scholarship of Teaching, SOT）就变成了"教与学学术"（Scholarship of Teaching and Learning, SOTL），教学学术活动也就发展成了教与学学术活动。

三、概念的澄清

起初，教学学术总是与其他类似活动相混淆。克莱博教授对之做出了梳理，大致有以下三类观点：第一，教学学术等同于传统学术；第二，教学学术等同于优秀教学；第三，教学学术等同于学术性教学[1]。之后，人们对教学学术的认识逐渐清晰，形成了对于教学学术的不同角度的解读和阐释。

1. 对教学学术做出行为描述，阐述教学学术这一行为的具体特征。舒尔曼[2]认为一个可以称作学术的活动至少应该具备公开、被批判和评价、能够交流并可被同行使用三个特征（王玉衡，2006）。卡姆布雷德也强调了公开的重要性，认为要成为一项学术性工作，需要"将发现公开化，接受同行对其方法、结论的评价，并基于这种评价，改进他们的教学和学术研究"[3]。英国学者特里格维尔等人认为教学学术旨在将教学是如何促进学习的这一学术过程透明化加以公开，并得

---

① Kreber, Caroline & Cranton, Patricia A., "Exploring the scholarship of teaching", *Journal of Higher Education*, No. 4 (Jul-Aug 2000): 476—495.

② Shulman, Lee S., "From Minsk to Pinsk: why a scholarship of teaching and learning?," *Journal of Scholarship in Teaching and Learning* (*JoSoTL*), No. 1 (2000): 48—53.

③ Cambridge B. L., "The scholarship of teaching and learning: a nationlal initiative, in M. Kaplan &D. Lieberman (Eds)," *To improve the academy* (*Bolton MA Anker*), 2000, Vol. 18: 56.

到公众的监督和评价①。

2. 对教学学术的构成做出分解，阐释教学学术的组合要素。特里格维尔等人指出教学学术包含三个基本并相互联系的要素：①对本学科的教学实践和学生学习做出反思；②与同行就教学实践做出交流；③将通过反思交流形成的理论观点公开发表②。

3. 对教学学术的概念做出整合，构建教学学术的系统模型。克莱博强调反思和交流的重要性，进一步将教学学术构建为基于反思基础上的学术模型。换言之，从事教学学术研究的学者对于教学、教育学和课程三个领域，基于理论和实践知识分别进行内容的、过程的和前提性的反思活动，并接受同行评议。三种形式的反思和三种知识领域一起构成有关教学学术的三乘三矩阵③。之后，特里格维尔等人将教学学术内涵加以整合，构建出了趋于实践倾向的教学学术模型，相较于过去的观点更加完备和详尽④。

该模型包括"知识""实践""成果"三个相关要素。其中，"知识"要素包含教师已有的教学和学习理论知识、所持有的教学学习观念及已有的学科知识背景；"实践"要素包含教师的教学、对教学和学生成绩的调查评价、对教学实践的反思及交流和学习等活动；"成

① Keith Trigwell, Elaine Martin & Joan Benjamin, Michael Prosser., "Scholarship of Teaching: a model," *HigherEducation Research & Development*, No. 2 (2000).
② Martin, E., Benjamin, J., Prosser M. & Trigwell K., "Scholarship of teaching: a study of the approaches of academic staff, in: C. Rust (Ed.)," *Improving student learning: Improving student learning outcomes (Oxford Centre for Staff and Learning Development Oxford Brookes University)*, 1999.
③ Kreber, Carolin., "Controversy and consensus on the scholarship of teaching," *Studies in Higher Education*, No. 2 (2002): 151—167.
④ Keith Trigwell and Suzanne Shale, "Student learning and the scholarship of university teaching." *Studies in Higher Education*, No. 4 (August 2004).

果"要素包含学生的学习成就、教师的教学研究论文及教师的满意度等方面。在教学活动中，"知识"作为背景支撑并制约教师的教学"实践"，产生相应的"成果"，同时进入公共教育知识系统中的"成果"又会影响并构成新的"知识"和"实践"。当要素之间的这种相互作用经由同行评议并予以公开化之后，便完成了教学学术的全部过程。

由此可见，受制于学科、文化背景，不同个体对于教学学术的理解存在差异，造成了教学学术概念本身的模糊状态，而且这种概念上的模糊已成为重构学术内涵、提升教学地位的一大障碍①。

从另一角度来看，虽然概念尚未达成统一，但不同的理解极大地丰富了人们对于"教学学术"的认识；虽然其内涵界定尚未形成定论，但对于教学学术的成分却大体有了基本共识：反思、交流、公开化。

第二节　教学学术的评价标准

与对教学学术的描述性界定一样，博耶对教学学术的评价标准也做了描述性的勾画：深入理解教学内容，在教师的理解和学生的学习间建立桥梁，认真地计划并检查教学程序，刺激主动学习，以超越传播知识并实现改造和扩展知识。这些可以看作博耶所认为的教学学术

① Atkinson, Maxine P., "The Scholarship of Teaching and Learning: Reconceptualizing Scholarship and Transforming the Academy," *Social Forces*, No. 4 (June 2001): 1217—1230.

的评价标准，但还仅仅是一些描述性的解释，他并未明确提出对教学学术的评价实践更具操作性的具体标准①。之后，格拉塞克等人在1997年撰写的《学术评价：教授工作的评估》一书中，指出了学术工作的普遍特征或者说是评价的六条标准：明确的目标、充分的准备、适当的方法、显著的成果、有效的表达和反思性批判②。舒尔曼又进一步将这些特征或评价标准具体化，认为应将教学经验和理论思考进行交流，将其公开化供同行讨论和评价③。"教学像其他形式的学术一样是一种成果。当教师将工作公开、接受同行评价和批评，并与所在专业社团的其他成员进行交流时，反过来又加强了自己的工作，这时教学就变成了教学学术。"④ 同时，特里格维尔等人构建出的教学学术模型可以作为一种评价体系。该模型从四个维度对教学学术的程度加以衡量：知识维度、反思维度、交流维度和观念维度（见表1-1）⑤。克莱博提出的教学学术模型也可以作为教学学术评价的一套指标。她区分的三种反思行为（内容反思——是什么；过程反思——怎么做；前提反思——为什么）和三种与教学相关的知识领域（教学知识、教育学知识和课程知识）共同构成一个由知识领域和反思行为组合成的三乘三矩阵发生九种形式的反思，即九种教学学术的运作形式。教学

① Theall, Michael; Centra, John A., "Assessing the Scholarship of Teaching: Valid Decisions from Valid Evidence," *New Directions for Teaching and Learning*. No. 86 (Summer 2001): Jossey-Bass.
② Glassick, Charles E., Huber, Mary Taylor. & Maeroff, Gene I., *Scholarship Assessed: Evaluation of the Professoriate* (San Francisco: Jossey-Bass, 1997), pp. 6—7, 35.
③ Shulman, Lee S., "Taking learning seriously," *Change*, July/August, 1999, Vol. 31, Issue 4: 11—17.
④ Keith Trigwell, Elaine Martin & Joan Benjamin, Michael Prosser, "Scholarship of Teaching: a model," *Higher education Research & Development*, No. 2 (2000).
⑤ Kreber, Carolin., "Controversy and consensus on the scholarship of teaching," *Studies in Higher Education*, No2 (2002): 151—167.

学术的这九种形式在一定程度上为教学学术的评价提供了方向性指南。也就是说，可以在这九种教学学术活动形式中分别制定出相应的具体评价标准对教学学术的程度予以裁量①。

表1-1　教学学术多维模型

知识维度	反思维度	交流维度	观念维度
使用非正式的教学、学习理论	没有或者无意识地反思	没有交流	以教师为中心的方式看待教学
熟悉掌握一般的教学、学习理论	在行动中反思	与本系教师进行交流	—
熟悉掌握学科教学、学习理论	在行动中反思	在当地或者全国性会议上做汇报	—
进行行动研究、掌握句法能力以及教育学知识	站在学生的角度做出反思	在国际学术性期刊上发表文章	以学生为中心的方式看待教学

第三节　教学学术的实践发展

　　关于教学学术的实践，西方学者们不仅通过访谈调查发现现实中阻碍教学学术的因素，而且针对这些障碍研究了若干具体的发展措施。

---

① Boshier, Roger, "Why is the Scholarship of Teaching and Learning such a hard sell?," *Higher Education Research & Development*, No. 1 (March, 2009)：1—15.

一、障碍分析

学者针对美国不同类型的大学做出了具体分析，阐明了教学学术在具体实践中的若干障碍。

障碍一：教学学术自身理论的不成熟。英属哥伦比亚大学的布谢尔（Roger Boshier）指出了研究型大学中阻碍教学学术发展的五个因素，即教学学术往往被用作其他相关活动的同义语；博耶对教学学术的定义在概念上出现混淆；教学学术难以操作；很多关于教学学术的演说是反理智的，并且是狭隘新自由主义的表现；教学学术过于依赖同行评议①。

障碍二：大学教师的传统观念制约。首先，传统的学术观。大部分教师在博士就读阶段就被渗透了传统的学术观念，认为只有从事高深学问的探究、发表论文和著书立说才是真正的学术，同时认为从事这种学术活动是其专家身份的一个重要组成部分，也是其在学术圈内获得地位和声誉的唯一重要因素②。其次，传统的教学观。这在两年制学院中体现得更为明显。在实用主义的文化背景以及高等教育问责突出且经费缩减的背景下，对教学做出反思并与同行分享成果通常被认为是奢侈的甚至会分散精力的事情。他们往往不将自己看成一名研

---

① Henderson, Bruce B., Buchanan, Heidi E., "The Scholarship of Teaching and Learning: a special niche for faculty a t comprehensive universities?," *Research in Higher Education*, Vol. 48, No. 5 (August 2007).

② Tinberg, Howard; Duffy, Donna Killian and Mino, Jack., "The Scholarship of Teaching and Learning at the Two-Year College: Promise and Peril," *Change*, Vol. 39, Issue 4 (July/August, 2007).

究者，而仅仅将自己看成知识的传播者或由专业知识到初学者之间的翻译人①。

障碍三：大学教师评价奖励机制。与教学学术的提出相伴随，人们几乎同时认识到学术评价机制对于其发展造成的有限性。教师对教学学术的努力在聘用、晋升和价值评判时总是不被奖赏。卡内基教学促进基金会的学者泰勒和考克斯指出虽然现有的评价标准很客观，但会让这种全新的学术类型由于不合标准而被认为非学术。学术改变了，但评价指标却固守传统。教师从事教学学术成了一种冒险行为②。教学学术得以顺利实现的一大障碍体现于制度层面，突出体现在大学教师的聘任和晋升，尤其是在研究型大学③。从卡内基教学促进基金会 1990 年组织的调查中发现，1969—1989 年，综合性大学中选择非常赞同"如果不出版或发表（论著）就很难终身聘用"的人数百分比从 6%涨到了 43%④。

障碍四：教师沟通机制的匮乏。教学学术的一个重要特征便是公开化，实现与同行之间的交流和对话。因为只有这样，才能使教学知识和思考得以超越个体，成为公共财富，实现知识的创造和创新。但是，教师们仍然生活在舒尔曼所说的"教学孤岛"。在以教学为主的两年制学院中也是如此。由于教学任务繁重，很少有时间与同事交流。

---

① Mary Taylor Huber., "Senior Scholar and Rebecca Cox Research Assistant," *Carnegie Perspectives: A differed way to think about teaching and learning*, February 2004.

② Shapiro, Howard N., "Promotion & Tenure & the Scholarship of Teaching & Learning," *Change*, Vol. 38, Issue 2 (March/April, 2006).

③ Boyer, Ernest L., *Scholarship Reconsidered: Priorities for the Professoriate*, Carnegie Foundation for the Advancement of Teaching Princeton, 1990, NJ, p. 24.

④ Howard Tinberg, Donna Killian Duffy and Jack Mino., "The Scholarship of Teaching and Learning at the two-year College: Promise and Peril," *Change*, Vol. 39, Issue 4 (July/August, 2007).

另外，用于会议的经费也非常少，这些都是教师教学隔离的原因所在①。

此外，杂志编辑录用稿件的惯性思维，教师的教学负担过重也是教学学术发展的重要障碍。

二、发展措施

本德尔等认识到改变大学的评价结构是其自身之外的另一个重要目标②。博耶认为要发展教学学术，需要对教师做出多样化的分类评价，实行"创造性契约"。也就是说，学校可为教师的发展制定周期性的合同契约和时间安排，教师可依其兴趣和院系需要选择近期的研究工作和发展重点③。英国学者柯林斯等人认为有必要建立与教学学术相配套的教师激励模型，对教师做出有效的奖励和刺激激励④。

罗宾逊⑤和赫钦斯等人⑥认为从结构上改变大学教师评价制度很困

① Bender, Eileen. T., "CASTLs in the air: The SoTL movement in mid-flight," *Change*, Vol. 37, No5 (2005): 40—49.

② Boyer, Ernest L., *Scholarship Reconsidered: Priorities for the Professoriate*, Carnegie Foundation for the Advancement of Teaching Princeton, 1990, NJ.. p. 24.

③ Adam Palmer and Roz Collins., "Perceptions of rewarding excellence in teaching: motivation and the scholarship of teaching," *Journal of Further and Higher Education*. Vol. 30, No. 2 (May 2006): 193—205.

④ Robinson, J. M., and C. E. Nelson., "Institutionalizing and diversifying a vision of the scholarship of teaching and learning," *Journal on Excellence in College Teaching*, No. 14 (2003): 95—118.

⑤ Huber, Mary Taylor and Hutchings, Pat., "Building the teaching commons," *Change*, Vol. 38, Issue. 3 (May/June, 2006): 25—31.

⑥ J. D. Walker, Paul Baepler, and Brad Cohen., "The scholarship of teaching and learning paradox: results without rewards," *College Teaching*, Vol. 56, No. 3 (Summer, 2008).

难，但可以探索提升和促进教学学术的措施。如沃克等人以明尼苏达大学的实践为案例阐释了在大学评价机制尚未做出改变的情况下，如何鼓励教师从事教学学术工作。另外，还有赫钦斯等人提出的"教师学会"，佩斯等学者提出的"教师学习社团"以及舒尔曼提出的"学习研究会"等等①。

此外，克莱博提议从大学教师发展和研究生教育着手促进教学学术的发展。其中，针对如何通过研究生教育促进教学学术提出了五条建议：①改变研究生课程计划，使之至少包括两门关于教育学的课程；②允许学生做学科内教育学方面的专题、学位论文；③为研究生提供教学实习的机会，并接受教学学术实践者对其教学的反馈意见；④基于教育学理论和研究建立专题讨论会和研讨小组；⑤支持从事教学学术的教师，并请其担任研究生的指导教师。同时，她以大学教师发展为视角对促进教学学术的发展提出了五条建议：①在院系范围内建立合作性的行动研究计划，通过行动研究，专家和教师培训人员可以就学科教学和学习做出讨论和探索；②允许教师在数年之内集中从事教学学术，并允许有教学学术的学术休假；③建立基于教育学理论和研究的专题讨论会与研讨小组；④成立院系范围的关于学科教学和相关材料的读书会，并鼓励教师进行团体教学；⑤以教学学术的形式建立基于大学教学和学习的课程。

综上所述，西方对教学学术的研究已初步构成系统。其内容既涉及教学学术的内涵、合理性等理念层面，也涉及教学学术的评价标准、实现障碍以及发展路径等实践层面的探讨。但已有研究仍然存在许多

---

① Carolin Kreber, "Implementation in Faculty Development and Graduate Education," *New Directions for Teaching and Learning*, No. 86（Summer, 2001）.

问题，这从教学学术的现实状况中可以看得出来，教学学术的观念在大学的现实层面并未被广泛接受，遇到了许多阻力，出现了实施乏力的现象。这些理论和实践方面的问题共同为后续的可能的研究提供了空间。

首先，在一个研究中，提出问题比解决问题重要，而分析问题背后的问题，即分析解决问题所遇到的障碍则更为重要，因为正是这些障碍造就了问题，也正是这些障碍阻碍了问题的解决。在解决障碍的过程中，寻找并分析障碍背后的原因则最为重要和关键，只有这样才能对症下药，祛病除根。具体到教学学术的研究，对其障碍及原因的寻找与探寻则是重点和关键所在，也是教学学术由一种美好的思想变为现实的需要所在。但已有的教学学术发展措施的探讨多为泛泛而谈，缺乏理论和现实依据，既缺少对于实际情况的具体分析，也缺少对障碍背后原因的理论分析。正是这种缺乏导致了教学学术思想的实施乏力，构成了教学学术的理论障碍。因此，对教学学术所遭遇的和可能遭遇的障碍的分析成为未来研究的一个必要方向。

其次，教学学术的实践方面的探究多集中在已有大制度政策框架内的修修补补、锦上添花，缺乏与教学学术理念相适应的一整套制度保障体系的构建。任何一种理念或目标都必须通过完整而系统的制度安排来实现，否则它最多也只是作为一种美好的乌托邦式的思想理念而存在，面对原有的与之背道而驰的制度体系和实施机制，它最多也只能发挥其有限的作用，不能从根本上改变现状，不能实现其应有的价值和意义，更严重者则有在现存制度体系中窒息毙命的危险。虽然在实践上进行制度的大调整和建构非常困难，花费时间比较多，进展也会非常缓慢，但在理论上确实有必要做出应然的构想。只有想了，才有可能实现。因此，对与教学学术相适应的制度保障体系的构建也是一个尚未解决而亟待解决的问题。

最后，高等教育教学实践既是教学学术的缘起，又是教学学术的目的与旨归。对教学学术问题的理解与认识需要放在高等教育发展的实践背景中才能准确把握，也只有将教学学术放在高等教育发展的实践背景中才能充分体现教学学术的实际意义与价值。将教学学术理念与高等教育教学实践相结合，用教学学术理念引领高等教育教学实践变革将更有意义。

第二章

基于双重身份的教学学术内涵解读

任何一种事物的内涵都足够丰富，以至于我们难以通过言语穷尽其意。"教学学术"也不例外。这正是自"教学学术"产生以来，学术界对于其内涵一直难以形成定论的原因所在。笔者认为与其纠缠于概念本身试图从整体上澄清其内涵，不如置身局外分别对其不同身份做出理解。事物身份及其在不同身份内部的相对性为我们提供了一种新的解读视角。一方面，教学学术整体具有相对性。教学学术兼顾学术和教学双重身份，分别位于学术和教学两大系统。另一方面，教学学术在不同身份内部具有相对性。教学学术在学术和教学两个系统中分别拥有不同的定位。笔者试图置身局外，分别对居于不同身份的"教学学术"做出解读，以期通过分解式解读达成对其真实内涵的接近。

第一节　作为学术的教学学术内涵解读

"教学学术"译自英文"scholarship of teaching"。词源告诉我们，教学学术首先是一种学术，它生存于学术系统。

一、学术系统的内涵

关于学术系统，美国卡内基教学促进基金会前主席欧内斯特·L. 博耶（Ernest L. Boyer）曾于 1990 年做出过系统阐述。博耶指出，学术系统内含四种学术类型："发现的学术"（discovery）、"整合的学术"（integration）、"应用的学术"（application）和"教学的学术"（teaching）。其中，"发现的学术"旨在通过自由的质疑，借助传统的科学方法致力于新知识的生成，是大学存在的力量源泉。"整合的学术"即"在学科之间建立联系，将专业放入大的背景中，并以揭露事实真相的方式对数据进行解释"，设法"通过解释、整合等手段，实现在原有研究基础上的创新"。"应用的学术"即将已有的学术知识应用到相关的实践活动中，利用学者所属学科的知识致力于解决重要的个人、大学以及社会等各种实际问题。在此过程中，理论与实践交互作用、相互更新，并促生新的学术理解①。"教学的学术"则旨在提升教师的教学实践水平，促进教师的教学成长。

就各种学术的功能而言，发现强调知识的生成，应用促成理论到实践的参与，教学实现知识的共享及公开，它们分别对应于学术的形式——研究、应用和交流。整合意味着帮助形成新的知识基础，实现知识的清晰化，对应于学术的内容——知识。与其说发现、整合、应用和教学是四种学术类型，倒不如说它们更像是一种学术活动的四个环节。在任何一种类型的学术活动中，这四者都必不可少，只不过各环节在不同学术类型中所占的比重及被强调的程度有所不同罢了。也就是说，发现、整合、应用和教学既是四种学术类型，又分别作为学术环节存在于不同类型的学术活动中。因此，虽然各种学术表面看去各不相同、相互独立，但从本质上说，它们之间是相互承接、相互并列又彼此包含的关系。

二、"教学学术"在学术系统中的定位阐析

教学学术作为学术系统的一员，它首先是一种学术类型，其次它作为一个学术环节存在于其他学术类型中，这是教学学术的相对性在学术系统中的体现。

（一）教学学术作为一种学术类型

教学学术作为一种学术类型，它包含发现、整合、应用和教学四

---

① Boyer, Ernest L., *Scholarship reconsidered*：*Priorities of the professoriate*, Carnegie Foundation for the Advancement of Teaching, Princeton, NJ., 1990：23.

个基本环节。这是因为"教学学术涉及教学问题的提出，运用特定学科的方法论、方法对问题进行研究，将研究结果运用于实践，将研究结果予以交流，自我反思并参与同行评价"①，教学学术的完成需要发现、整合、应用和教学等多方面知识和技能的支持。比如，教学学术的知识维度既涉及教育理论知识与教学实践知识的沟通，也涉及学科知识与教育知识之间的沟通，它们在本质上既是应用的学术，也是整合的学术。

（二）教学学术作为一个学术环节

教学学术不仅是一种学术类型，还作为一个环节存在于发现、整合、应用和教学四类学术过程中。因为在学术的整个过程中，整合是为了发现知识，发现是为了应用知识。然而，若止于此，此种学术活动仍然只是个体层面的、缺乏生命力的活动。"学者的工作只有当被其他人所理解的时候才会变得重要。"② "教学支撑着学术，没有教学的支撑，学术的发展将难以为继。"③ 同时，通过教学能够起到教育和引导未来学者发展的作用，为学术的发展培育后备人才。只有"充满创造性的教学，才能保证学术之火薪薪不息……若缺少了教学这一职能，知识的延续性将被破坏，人类知识的储备也会面临变少的危

---

① American Association for Higher Education, *Your invitation to participate in the Carnegie Teaching Academy campus program*, Instruction Sheet：Campus Conversations, Part One, Washington DC, 1998.
② Boyer, E. L., *Scholarship Reconsidered：Priorities of the Professoriate*, Princeton, NJ：Carnegie Foundation for the Advancement of Teaching, 1990, p23.
③ ［美］欧内斯特·L·博耶：《关于美国教育改革的演讲》，涂艳国等译，教育科学出版社，2002，第56页。

险"①。因此，无论是以期学术被别人理解还是以期学术获得持续的生命力，教学学术无疑都是一个重要途径和手段。从这个意义上来讲，教学学术既是学术的终点，又是学术的起点。

(三) 教学学术与专业学术的比较

教学学术生存于学术系统，势必会与其他学术类型 (环节) 发生联系。在学术系统中，它与发现的学术关系最为微妙。为方便比较，笔者暂称发现的学术为专业学术。具体来说，教学学术与专业学术之间的关系体现在以下两个方面。

1. 教学学术与专业学术在各维度存在差异。譬如，在研究维度中，专业学术遵从为学术而学术的理念，重理论轻实践；研究主体所属学科界限较为明显，是"学科学者"；基础研究是其主要研究方式。教学学术是持续的专业性发展，在同行评价的环境中传播实践驱动的课程或教育学研究，实践性是其突出特点；研究主体无明显学科分界，是"教学学者"；应用研究尤其行动研究是其主要研究方式。

2. 专业学术赋予教学学术以学科色彩。不同学科的教师会不自觉地将其学科思维迁移至对教学学术的理解与实践中，造成差异。譬如，化学学科的教师可能认为"教学学术以学生的学习为其学术重点，鼓励教师进行调查、论证以及成果的公开展示"②。社会学科的教师则可能认为"教学学术是教师对自己的一系列反思和质疑，如所任教学科

---

① Boyer, E. L., *Scholarship Reconsidered: Priorities of the Professoriate*, Princeton, NJ: Carnegie Foundation for the Advancement of Teaching, 1990, p24.

② Coppola, B. P., & Jacobs, D. C., *Is the scholarship of teaching and learning new to chemistry?*, In M. T. Huber & S. P. Morreale (Eds.), Disciplinary styles in the scholarship of teaching and learning: Exploring common ground (pp. 197—238), Washington, DC: American Association for Higher Education, 2002: 202.

的目的何为，通过何种途径能够达到这些目的，可以论证的成果都有哪些……鼓励教师依据这种基本思维框架对自己的教学进行更多的经验性的实证研究"①。

第二节　作为教学的教学学术内涵解读

作为学术，教学学术具有不同于其他学术的独特性，这种独特性源于大学教学实践。从根本上说，教学学术应归属于教学系统。

一、教学系统的内涵

教学系统是一个内含多种教学水平的复合体。不仅同一群体中不同教师的教学水平存在个体差异性，而且同一教师的教学水平也因个体发展的影响而呈现出阶段差异性。依据不同的标准，教学水平的划分结果也会有所不同。以学术为视角，依据教学的学术性在其四个维度中的彰显程度，我们可以把大学教学划分为非学术性教学、学术性教学和教学学术三个水平。

---

① Howery, C. B., *The culture of teaching in sociology*, In M. T. Huber&S. P. Morreale (Eds.), Disciplinary styles in the scholarship of teaching and learning: Exploring common ground (pp. 143—162), Washington, DC: American Association for Higher Education, 2002: 150.

（一）非学术性教学

非学术性教学缺少专门知识的支撑，教学的学术性完全被遮蔽，是一种技术层次的教学。非学术性教学通常体现为两种情况：一种是教师不具备教育知识，学科知识是教师知识的全部；另一种是教师对教育知识已有一定的了解，但教育知识缺少对教学实践的参与，学科知识缺少必要的教育转化。无论哪种情况，在这一教学水平层面，教学实践知识占据主导地位，教师对教学的认识主要源于经验。另外，由于缺少教育理论的参与，教学实践知识仅仅体现为零碎的经验。因此，非学术性教学又被称为经验性教学。这里的"经验"一方面源于教师对其学生时代的教师的模仿，另一方面源于教师工作后对同事的模仿以及自己在教学实践中的不断试误。这一水平的教师主要依靠经验对教学问题进行解释，以经验替代理论逻辑，教学因此没有被研究的必要。在这类教师的认识中，高深的科学知识才是探究的对象，教学只是科学研究的附属品。

"学者必为良师"是这一教学水平在观念层面的集中诠释，即认为教师的学科专业知识丰富了，科研能力强了，其教学水平自然就高了。因此，具备丰厚的学科知识便成为这一教学水平对教师的最基本也是最高的要求。

在非学术性教学阶段，教学只是一种任务，课堂教学的结束便意味着整个教学过程的完结。由于缺少教育知识的参与，教学反思一般多为经验总结性反思，缺少明确的问题指向性和批判性，教师因此缺少对教学理论做出变革、进行创新的动力。教学被视为一种私人活动，教师不愿与同事进行教学交流。比如，他们很少互相听课评课，很少参加各种形式的教学讨论会。同样，由于教育知识的缺乏，这类教师也必定会缺少相应的教学自主权，他们只能是相关教育政策的被动执行者，完全听命于行政人员的管制，是行政管理下的"被压迫者"。

（二）学术性教学

与非学术性教学相比，在学术性教学阶段，"学者"资格仅仅是成为教师的必要条件而非充分条件。学术性教学水平的教师除了要具备较完整的学科知识体系，还应熟悉并掌握较为完备的教育知识，并经常性地将教育理论应用到教学实践、对学科知识进行教育心理学转化。正因如此，学术性教学中的教学实践知识已不单纯是教师个体的经验积累，而是理论化了的关于如何教的教学内容知识。知识既成为教学的基础，也成为教学过程的核心。"学者即为良师"的观念也因此而遭受质疑。

与非学术性教学相比，学术性教学认为教学反思不应仅停留于经验总结的层次上，强调反思应具有明确的问题指向性和强理论批判性。学术性教学水平的教师不仅应沉浸于教学过程，还应超越教学过程，以"对教学活动背后的假设机制予以识别、审视"①。基于此，学术性教学水平的教师往往具有强烈的问题意识，会受问题驱动积极寻求课堂教学中的各种素材，并寻求相关理论帮助开展行动研究，促成问题的解决。由于教师具备了教育知识，大学教学的学术性得到了彰显。但学术性教学仍然只是一种个体活动，教师之间几乎不进行教学交流，也很少将教学成果公开化。这一教学水平的学术性只得到了有限彰显，学术性彰显的有限性又进一步决定了位于这一教学水平的大

---

① Brookfield, Stephen D., *Becoming a Critically Reflective Teacher*, San Francisco: Jossey-Bass, 1995, p. xii.

学教师对于教学自主权拥有程度的有限性。

（三）教学学术

当学术性教学接受了公开化、公开评论和评价、能够为他人所借鉴并作为基础的时候，它就成了教学学术①。其中，"公开化" "公开评论和评价" 以及 "能够为他人所借鉴" 均属于交流维度的范畴。其中，"能够为他人所借鉴" 建立在教学成果显性化、理论化以及对公共教育理论知识的相对丰富的基础上。从这个意义上说，教学学术比学术性教学更强调教学成果的显性化、理论化以及教学交流。这些从实质上说是教学的学术化过程。正是教学的学术化提升了教学学术性的彰显程度，让教学成了学术。之所以做出如此判断是基于以下两条理由：首先，通过实践知识的显性化及理论生成，实现了实践到理论的提升；其次，通过教学交流，实现了个人知识到公共知识的增值，使教学成为一种公共财富。虽然学术性教学也强调教学研究的重要性，但其研究目的仅指向于教学实践问题的解决，很少将研究成果显性化、理论化。而且这一水平的教学多局限于教师个体，很少公开化，限制了个人成果到公共知识的进入，不利于丰富公共教育理论②。与之相比，处于教学学术水平的大学教师不仅可以很好地完成教学任务，通过行动研究促成教学实践问题的有效解决，而且可以对教学过程做出有效论证、生成并提炼出新的理论知识。更重要的是，经由公开化实现知识的共享以及对公共教育理论知识的丰富和增值。在教学

① Pat Hutchings & Lee S. Shulman., "The scholarship of teaching: new elaboration, new evelopments," *Change*, Vol. 31, Issue 5 (1993): 10—15.

② Richlin, Laurie & Cox, Milton D., "Developing scholarly teaching and the scholarship of teaching and learning through faculty learning communities," *New Directions for Teaching and Learning*, Issue 97 (2004): 127—135.

学术水平，教学已不再是教师个体的活动，教学的公共属性被承认，公开化、被同行评价以及能够被同行成员利用是教学学术的突出特点。交流成为教学学术水平教学的关键要素，成为教学学术水平教师的自觉性和习惯性行为。同行评价是教学交流的重要形式。教师通过参加地区、国家乃至国际的教学会议，或通过撰写、发表论文，使源自实践的个人知识进入公共知识，实现教学实践成果的价值和普适性的提升和扩大。大学教学的学术性在这一教学水平得到了完全彰显，而这又进一步决定了大学教师必定是教学的自主者，他们必定享有相应的教学自主权。

在教学系统中，各教学水平相互依存、彼此衔接。不同的教学水平可能存在于不同类型的教师教学中，也可能存在于同一教师个体不同阶段的教学中。在教学系统中，是否拥有专门的、立体的知识基础是非学术性教学水平和学术性教学的区别所在，是否将所生成的知识理论化、公开化则是学术性教学和教学学术的区别所在。由此可见，大学教学的各个水平是逐次递进、渐趋丰富的。由非学术性教学到学术性教学再到教学学术这一整个序列，实际是大学教学学术性的彰显程度逐步提高的过程。

二、"教学学术"在教学系统中的定位阐析

教学学术作为教学系统的一员，它是学术性彰显程度最高的一种，也是教学学术的相对性在教学系统中的体现。

在学术性教学水平和教学学术水平阶段，大学教学的学术性都得到彰显，因此二者的关系更为紧密。实际上，学术性教学包含于教学

学术过程中，或者说学术性教学就是教学学术的一个阶段。在教学学术过程中，除了学术性教学，还有教学的学术化过程。学术性教学实质上是理论到实践的参与、指导过程，而教学的学术化则是实践到理论的凝练、提升过程。正如克莱博和卡顿（Kreber and Cranton）所认为的："教学学术不仅包括教师对教学的持续学习，而且包括对教学知识的提升与论证。"① 教学的学术化以学术性教学为起点和来源，而学术性教学又以教学学术化后所形成的理论作为指导和参考。从本质上讲，前者是理论实践化的过程，后者则是实践理论化的过程。两者彼此循环接替，共同构成教学学术的完整过程。基于这一点，笔者认为教学学术是教育理论与教学实践之间的重要沟通者，在教育理论与教学实践之间起着重要的桥梁作用。

立足于教学系统，我们发现教学学术只是教学发展的一个阶段、一种水平。因此，我们可以做出以下推论："并非所有的大学教师都一定被要求达到教学学术的水平，也并非教师一直要保持这一水平。教师在其职业生涯的不同时期会有不同的学术质疑和问题指向。部分学者将会对教学学术予以关注，而其他的学者则不会。"② 其中，达到教学学术水平的教师，我们称他们为教学学者。虽然并非所有教师也并非某位教师在其一生中都必须从事教学学术工作，但是大学教师却应该将教学学术作为其毕生追寻的目标，时刻以教学学术的标准要求自己。

---

① Richlin, L., *The Ongoing Cycle of Scholarly Teaching and the Scholarship of Teaching*, Closing plenary presentation at the 13th Annual Lilly Conference on College Teaching, Oxford, Ohio, Nov, 1993a.

② Hutchings, Pat（ed.）, *Approaches to the Scholarship of Teaching and Learning*, Menlo Park, CA, Carnegie Publications, 2000.

☞ 第三章
我国大学教学专业化的问题反思

第一节　我国大学教学专业化现状

重科研轻教学在我国各类大学中不同程度地存在，尤以研究型大学最为突出。唐智松在对青年教师的调查中发现，61%的青年教师在科研上投入了"大多时间"[①]。刘献君等人在其调查研究中发现，有15.9%和50.1%的教师非常同意和比较同意"发表成果的压力削弱了本校的教学质量"[②]。笔者认为，高校重科研轻教学现象的实质是大学教学的专业化程度不高。

大学作为一种特殊的知识组织，相较于科研院所，其独特性在于教学；相较于中小学校，其独特性在于科研。因此，大学教师职业具

[①]　唐智松：《青年教师教学、科研投入状态调查》，《高等师范教育研究》2001 年第 1 期。

[②]　刘献君、张俊超、吴洪富：《大学教师对于教学与科研关系的认识和处理调查研究》，《高等工程教育研究》2010 年第 2 期。

有双学科（教师所任教的学科和支持其教学活动的教育学科）、双专业（基于任教学科科研活动的专业性和基于教育学科教学活动的专业性）特性。

实际上，一种专业必然拥有较为系统完备的理论知识作为支撑。这种知识不仅来自从业者对外源知识（既有专业知识）的学习，更来自通过实践反思获得的内源知识（经验知识）。内源知识凝练提升成为外源知识的重要补充，外源知识作用于实践而促成内源知识的不断更新，并依次循环往复。知识之间的这种互动和循环，不仅更新丰富了专业的知识基础，而且促进了专业的长久持续发展。因此，专业需要从业者不仅具备一定的学习能力，更具备反思探究的能力。其中，后者更为关键和根本。因为反思探究不仅有助于激发从业者从事职业活动的动机和兴趣，进而提升专业活动的质量，而且可以作为知识的实践来源丰富并不断更新专业活动的知识基础，不断提升职业的专业化程度。可以说，反思探究是职业专业化程度的重要衡量指标。

在我国的大学教学活动中，反思探究始终缺失。首先，大学教师缺少对教学进行反思探究的意识。据笔者了解，"教学没什么好研究的""学者即为良师""只要学问做好了，教学自然不在话下"等诸如此类的观念在大学教师中普遍存在。其次，大学教师缺少对教学进行反思探究的行为。当下，我国大学教师参加教学研究的积极性不高。最后，笔者认为，大学教学的专业化程度不高，既有观念层面的原因，也有实践层面的原因。其中，观念层面的原因更为根本。

第二节 大学教学专业化程度不高的观念原因

一、传统的学术观的制约

现代学术观认为学术包括相互联系的四个方面：探究（发现）的学术、整合的学术、应用的学术和教学的学术①。然而，当下大学群体所信奉的仍是传统学术观，其内涵偏狭，仅局限于发现的学术（科学研究），传播的学术（教学）则不被认可为学术。偏狭的学术观造成了片面的专业观和教师观，从而在观念层面制约了大学教学的专业化。

1. 传统的学术观导致片面的专业观。大学是学术的中心，大学教师以学术为业，学术即大学教师的专业。传统学术观是在科学知识支配下形成的，是科学型学术观。在这种学术观的影响下，只有以科学学科知识为基础的科学研究才是学术，学术具有明显的专门性和科学学科性。偏狭的学术观导致了片面的"专业"理解，将专业局限于科学专业、学科专业，认为专业背后必定有一个成熟的学科作为支撑，如果没有成熟的学科作为支撑，则这种职业不被承认为专业。

2. 偏狭的学术观导致片面的教师观。以科研为导向的学术观决定了以科研为中心的教师观，即学者型教师定位。传统上，"高等教育

---

① ［美］欧内斯特·L. 博耶：《关于美国教育改革的演讲》，涂艳国等译，教育科学出版社，2002，第 78 页。

研究高深的学问"，"这些学问或者还处于已知与未知之间的交界处，或者虽然已知，但由于它们过于深奥神秘，常人的才智难以把握"①。大学教师作为探究高深学问的学者存在，其学者形象自大学产生之日起便根深蒂固，对高深知识的探求、对学者形象的塑造早已成为大学教师基因式的内在形象诉求。学者形象定位下的大学教师必然会将更多的精力用于科研而非教学，忽视对教学的思考和探究，从而限制了大学教学的专业化程度。

二、传统的大学教学观的制约

大学教学观本身存在偏差是大学教学专业化程度不高的根本原因。传统的大学教学观是一种"技术观"，认为教学即"知识展示"，大学教学仅仅是一种传播知识的技术性操作活动，不需要系统、专门的知识作为支撑，更不需要对其做系统专门的研究。这种教学观看到的知识仅仅是作为教学内容的学科专业知识，而没有看到作为教学活动基础的教育理论知识。大学教师很少开展教学研究，这就导致大学教学成为一种不断重复的、简单肤浅的知识展示活动，所以大学教学的专业化程度不高。

---

① ［美］约翰·S. 布鲁贝克：《高等教育哲学》，王承绪等译，浙江教育出版社，1987，第2页。

第三节　大学教学专业化程度不高的实践原因

教师教学专业的发展是一个连续的过程，体现在入职前、入职初和入职后三个阶段的连续统一，而大学教学的专业化程度不高在这三个阶段均有所体现。

一、入职前博士研究生培养的制约

现阶段，我国大学教师主要源自博士毕业生。博士研究生教育成为大学教师的培养教育阶段，也是大学教学专业化的职前阶段。1992年教育部制定的《博士生培养工作暂行规程》中第三条规定："掌握本门学科坚实宽广的基础理论和系统深入的专门知识；具有独立从事科学研究的能力；在科学或专门技术上做出创造性的成果。"这一文件将博士研究生教育的培养目标定位于学术研究（科学研究）和创新能力的培养，缺少对教学知识和能力培养的规定。受培养目标的影响，博士研究生教育在各个环节都相对偏重科研训练，忽视教学能力培养。在大学教师的职前阶段，教学的专业化程度已表现出明显的不足，造成了职前培养和职后工作之间的断层。

二、入职初岗前培训的制约

为保证新任教师能够更快地适应大学教师的工作，1997年原国家教委根据《教师资格条例》和《高等学校教师培训工作规程》的要求，制定了《高等学校教师岗前培训暂行细则》和《高等学校教师岗前培训教学指导纲要》，从制度上对教师的岗前培训工作做出了保证。岗前培训应是大学教师职前职后的过渡阶段，尤其侧重其教学能力的培训和养成，旨在帮助教师顺利上岗。然而，当下的大学教师岗前培训工作存在许多问题，最突出的便是形式化严重，大大削弱了培训效果。首先，在培训中重理论轻实践。培训主要围绕四本教材开展，采取集中授课的方式对教师进行理论教育。诚然，教育理论是教学专业的基础，但教学的专业化水平最终要通过实践来体现。教育实践指导的缺失，不利于教师教学技能的专业化。其次，理论教育不到位。理论课授课时间过短，忽视教师对教育理论的内化吸收；培训内容取自既有的教育理论，缺乏前沿性。再次，缺乏对教师教学研究意识和研究能力的培养。反思探究是教学专业的核心，而培训主要通过集中授课进行既定理论的灌输，强调教师对既有理论的吸收，缺少对其生产知识的意识及能力的培养。最后，考核形式单一。考试普遍采用闭卷形式，片面的考核方式必将引领片面的岗前培训，从而限制了大学教学专业化的提升。

三、入职后管理制度的制约

1. 大学教学管理制度僵化低效。首先，教学大纲和教学计划影响了教学的专业化程度。我国大学教学遵循教育部统一制定的教学计划和教学大纲，追求统一和确定性，扼杀了教师教学的自由、自主和创造性。其次，现有的大学教学评价制度缺少对教学专业特性的考虑，过分注重量化评价，无视教学的复杂性。教学评价标准未能引导大学教师积极开展教学研究和发表教学研究的成果，阻碍了大学教学的专业化。

2. 大学教师管理制度失衡。对大学教师的考核评价存在严重的重科研轻教学倾向。在我国现行的大学教师考核与评价制度中，从聘任到晋升，"科研一票否决制"已成为各类大学中的潜规则。在偏狭的制度导向下，大学教师缺少反思探究教学的时间和精力，教学专业化的提升因而难以落实；经费的拨付偏向科研，教学的专业化缺少必要的财力支持。

第四节　教学学术：提升大学教学专业化程度的观念支持

传统的学术观和大学教学观是大学教学专业化程度不高的根本原因，因此想要提升大学教学的专业化程度，转变观念是前提。1990 年博耶在《学术反思：教授工作的重点领域》一书中提出了"教学学术"的概念。教学学术与专业学术相对应，前者是对教学做出研究、探究如何教，后者则是对任教学科做出研究、发现新知识。"教学学术"的提出，既带来了一种新的学术观，也带来了一种新的教学观，从而为传统观念的转变提供了思想支持。

一、教学学术理念下的大学教学是一种学术教学学术，不仅扩展了学术的内涵，还带来了一种全新的大学教学观

教学学术理念下的大学教学和科学研究一样是学术活动，具备一般学术所具有的反思性、探究性、创造性、公开化等特征。"好的教学意味着教师不仅应作为学者存在，更应作为学习者存在。"[1] 大学教学"不仅在于传播知识，也是一个改造和扩展知识的过程"，是"一个探索的过程"[2]，在"教学实践中能够产生新的知识"[3]。产生知识的机制则在于教师的行动研究，这需要教师在教学中和教学后对教学进行批判性反思。另外，交流也是教学活动中的一个重要的学术因素。舒尔曼将教学描述为一种公共财富，认为教学的过程和结果也应像一般的学术成果一样进行分享、讨论、批判和交换，可以成为他人借以

---

[1] Boyer, Ernest L., *Scholarship reconsidered*：*Priorities of the professoriate*, Princeton, NJ: The Carnegie Foundation for the Advancement of Teaching, 1990, pp. 23—24.

[2] 王玉衡：《试论大学教学学术运动》，《外国教育研究》2005 年第 12 期。

[3] Schon, Donald A., "The new scholarship requires a new epistemology," *Change*, 1995, Vol. 27, Issue. 6：27—34.

继续进行理论研究和行为实践的基础和依据①。教学进入学术范畴，而学术又是大学教师的专业所在，大学教学因此具备了专业的身份，其专业性得以彰显。

二、教学学术理念下的大学教学以教育学知识为基础

传统的大学教学停留在知识展示上，使大学教学活动本身的内涵变得简单肤浅，从而丧失了专业性。与此不同，教学学术理念认为知识的传播也是一门科学，认为大学教学并非仅仅是一种传播既定知识的技术活动，它是需要进行深入研究、有深刻内涵的复杂活动，必须建立在教育学理论知识的基础上，这就是大学教学专业化的根据。

英国学者马丁等人指出教学学术视域下的教学至少具备三个基本要素：第一，了解已有的教育理论知识；第二，对学科教学做出反思；第三，将教学实践和反思成果与同行做出交流②。卡洛林·克莱博认为大学教学拥有三个重要知识基础：教学设计知识（instructional knowledge）、教学法知识（pedagogical knowledge）和学科课程知识（curricular knowledge），一名成功的教师应通过对其教学做出内容、过程和前提三种形式的反思获得上述三种领域的知识，并由此获得成功

---

① Shulman, L., "Teaching as community property: putting an end to pedagogical solitude," in Shulman. L., *Teaching as Community Property: Essays on Higher Education* (San Francisco, CA: Jossey-Bass, 2004). 139—144.

② Martin, E., Benjamin, J., Prosser, M., & Trigwell, K., "Scholarship of teaching: A study of the approaches of academic staff," in C. Rust. *Improving student learning: Improving student learning outcomes.* (Oxford: Oxford Centre for Staff and Learning Development, Oxford Brookes University, 1999), pp. 326—331.

的教学①。莱斯认为教学学术基于以下三种知识的生成与应用，即概要性知识（synoptic capacity and knowledge）、教学法知识（pedagogical knowledge）和教学内容知识（pedagogical content knowledge）②。在教学学术观的影响下，教学研究、教育学知识成为大学教学的重要内容。教学学术观不仅强调教学中知识成分的存在，还强调知识在整个教学过程中的动态转化，包括科研成果的教学化和教学隐性知识的显性化，强调教学理论知识与实践知识的结合。

由此可见，教学学术理念对学术内涵和范围的拓展，既为大学教学找到了学术归属，也为大学教学专业化奠定了思想基础。

第五节　教学学术理念下的大学教学实践变革

教学学术作为一种全新的理念，对于提升大学教学的专业化程度起到促进作用，但理念的贯彻离不开教学实践。

一、以教学学术理念引领博士研究生教育改革

首先，修正博士研究生培养目标。为提升教学在博士研究生培养

① Kreber, Carolin., "A course-based approach to the development of teaching-scholarship: a case study," *Teaching in Higher Education*, Vol. 4, Issue3（1999）: 309—325.
② Kreber, Carolin., "Charting a critical course on the scholarship of university teaching movement," *Studies in Higher Education*, Vol. 30, Issue4（2005）: 390—405.

中的地位，应扩大培养目标的涵盖范围，不应仅仅对科研创新能力提出要求，还应对教学的基本素养及能力做出明确的规定。

其次，改革博士研究生教育课程。教育理论是大学教学成为专业的基础，而课程是获知理论的重要途径。因此，有必要在博士研究生教育阶段增加教育理论课程。

再次，改革课堂教学方式。大部分博士研究生课堂教学以讲授为主，"灌输式"教学仍然盛行，这不仅对提高博士生的科研创新能力少有帮助，更不利于博士生教育观念及教学能力的养成。为了更好地培养锻炼博士生的教学能力，可适当增加教学实践和实习的机会。在这方面，我国潘懋元先生做出了典范。潘先生在长期的博士生教育教学过程中总结出了独特的"学习—研究—教学实践相结合的研究生课程"教学法。他要求教师在课堂中将任务、科研训练和教学实习三者有机地结合起来。这一方法不仅能使研究生系统地学好课程，而且能使他们深入研究一个或几个课题，通过课题的研究，培养了博士生的科研能力，为他们的毕业论文写作打下了良好的基础。同时，对研究生的课题研究成果，不仅要求他们写出书面报告或论文，而且要求他们在课堂上做报告，然后主持课堂讨论，以获得课堂教学的经验①。

最后，改革考核制度。学生毕业所要求发表的期刊文章，除了对其所研究领域的文章予以承认，还应对发表在同级别的教育理论刊物上的文章予以认可。在学位论文选题方面，可允许博士生根据个人的兴趣选择合适的论题，鼓励博士生就学科教学做出研究。

---

① 殷小平、游玉华：《谈潘懋元教授的博士生培养之道》，《西安交通大学学报（社会科学版）》2007年第10期。

二、以教学学术理念完善岗前培训

基于大学教学专业化的考虑，现有的岗前培训应做出以下几个方面改革。

首先，做到理论联系实践。在培训中增加教学实践的机会，可采取师徒制的教授方式，安排有经验的大学教师对新任教师就教学技能予以指导监督，促进其教学技能水平的提升。

其次，加强教育学理论的学习。有必要延长理论课的授课时间，帮助教师对理论知识加以内化吸收，同时应注意培训内容的前沿性。对培训教材及时做出更新，不断充实新的教育思想理念。加强教学学术理念的教育，帮助新任教师树立新的教学观念。

最后，在培训过程中注重对教师研究能力的培养，提升教师钻研反思教学及生产教育知识的能力。

三、以教学学术理念引领大学管理制度改革

1. 以教学学术理念引领大学教学管理制度改革。首先，高校应尽量赋予大学教师一定的教学自主权，包括拟定教学大纲和教学计划的自主权、设计更改课程内容的自主权以及安排调整授课时间的自主权。通过自主权的获得，激发教师内在的发展动力，使教师真正成为教学的主人，为大学教学的专业化提升留出空间。其次，应依据教学学术理念对大学教学评价制度做出改革。最后，在评价方式上，不应

局限于行政部门评价和学生评价两种方式，还应采取同行评价的方式，将教学与科研一样进行学术评价。

2. 以教学学术理念引领大学教师管理制度改革。首先，将教学纳入学术范畴，在教师考核与评价中平等地对待教学研究成果和专业学术研究成果。其次，改革科研经费拨付制度，为大学教学研究提供充足的经费支持。最后，通过上述措施，鼓励大学教师开展教学研究和教学改革，积极探索科学有效的教学方式，在提高教学质量的同时，提升大学教学的专业化程度。

第四章

基于教师专业发展的高师教育改革

教师是教学专业化发展的关键。培养合格的教师是高等师范教育的基础工作,1994 年《中华人民共和国教师法》中明确提出教师专业化,规定"教师是履行教育教学职责的专业人员",首次从法律上确认了教师职业的专业性和不可替代性。教师专业化是一种新的教师发展理念,包含两个维度:其一是教师个体专业水平提高的过程和结果;其二是教师为争取教师职业的专业地位而进行努力和斗争的过程。这两个层面共同构成了教师专业化的全部内涵,并决定了教师专业化的发展路径。基于教师专业发展的新理念,围绕两条路径,我国政府以政策作为支持和引领,对高等师范教育做出了一系列改革。

第一节　宏观体制改革

一、教师教育理念做出转变：由"师范教育"转向"教师教育"

随着现代科学技术的发展和社会的进步，知识经济时代的到来以及高等教育大众化进程的推进，社会对公民的素质要求越来越高，师范生面临的就业形式也越来越严峻，竞争越来越激烈。这些都对师范生的整体素质、对教师的专业水平提出了更高的要求，专家型教师的培养是国际教师教育改革的大趋势。长期以来，我国教师教育一直以"师范教育"理念作为引导和支撑。这种传统教育理念片面强调教师的定向和计划培养，缺乏开放与竞争；过分突出教师的职前培养，忽视教师的职后培育和终身教育；对学科专业基础、学术能力的强调与教育专业技能或教育类课程的学习之间存在巨大冲突，不利于教师专业化的顺利发展，不利于专家型教师的培养①。"师范教育"理念已经滞后于时代发展的要求。为顺应新发展，根据国际师范教育发展的经验和趋势，我国开始着手从"师范教育"理念向"教师教育"理念的转型。

2001 年，国务院颁发了《关于基础教育改革与发展的决定》，首次正式在政府文件中使用"教师教育"这一概念，并提出了一系列的

---

① 高等师范教育体制改革项目研究小组：《中国教师教育的新境界：中国高等师范教育体制改革研究》，北京师范大学出版社，2001，第 12 页。

改革措施，宣告我国教师教育改革的全面开始。2002 年 2 月，教育部在《关于"十五"期间教师教育改革与发展的意见》中对教师教育的内涵做出了明确界定："教师教育是在终身教育思想指导下，按照教师专业发展的不同阶段，对教师的职前培养、入职教育和在职培训的统称。"由此可见，教师教育具有整体性、专业性、开放性和终身性。其中，整体性是指教师教育是一项系统工程，不仅包括教师的职前培养，也包括教师的入职教育和职后培训；专业性是指教师教育不仅是一种职业教育，更是一种专业教育；开放性是指教师教育由过去师范教育体系的"封闭定向型"转变为"开放非定向型"；终身性是指教师教育是一个终身学习的过程①。2002 年 9 月，江泽民同志在北京师范大学建校 100 周年庆祝大会上的讲话中提出："要进一步建立和完善适应我国教育发展需要的开放灵活的教师教育体系，努力造就一支献身教育事业的高水平的教师队伍。全国各级各类师范院校，都要适应新形势新任务的要求，深化改革，锐意进取，为建设有中国特色教师教育体系作出新的贡献。"国务院批准颁布的教育部《2003—2007 年教育振兴行动计划》明确提出了"全面推动教师教育创新，构建开放灵活的教师教育体系"的目标，"改革教师教育模式，将教师教育逐步纳入高等教育体系，构建以师范大学和其他举办教师教育的高水平大学为先导，专科、本科、研究生三个层次协调发展，职前职后教育相互沟通，学历与非学历教育并举，促进教师专业发展和终身学习的现代教师教育体系"②。

---

① 黄崴：《从"师范教育"到"教师教育"的转型》，《高等师范教育研究》2001 年第 6 期。

② 中华人民共和国教育部：《2003—2007 年教育振兴行动计划》，中华人民共和国教育部网，http://www.moe.gov.cn。

由"师范教育"到"教师教育"的转变，不仅是辞藻上的改变，更多的是一种教育理念上的转变。随着这种表达方式的改变，教师培养的相关理念，师资教育的培养目标、培养模式等方面，都应做出相应的变革。

二、教师教育模式的横向转变：由定向走向非定向

自新中国成立以来，同计划经济体制相适应，我国高师教育一直采取封闭、定向的师范教育模式。在这种模式下，师范院校是实施师范教育的唯一机构，自成体系，形成了与培养小学教师、初中教师、高中教师分别对应的中等师范学校、师范专科学校、师范学院（大学）的三级师范教育体制，实行有限的教师教育：①从形式来看，主要是终结性的教师职前教育；②从办学模式来看，是独立、封闭的——师范院校从低级到高级自成一体，实行定向招生、定向教育、定向分配和免交学费政策；③从内容来看，师范教育的专业设置往往局限于教师未来所教学科①。这种模式适应计划经济，作为我国教师教育的主要承载体，为解决当时师资短缺的问题发挥了很大的作用，但在新的形势要求下，这种单一的模式已经开始显现出诸多弊病。比如培养格局单一、学术水平不高、缺乏市场竞争意识、人才培养目标与社会需求脱节等②。所培养的师范生不仅整体知识水平不如综合性大学的毕业生，缺乏竞争力，而且师范的专业特色不强，缺乏可持续

---

① 黄依林、何凡：《试论"师范教育"向"教师教育"的转变》，《成都大学学报（教育科学版）》2008 年第 9 期。

② 钟秉林：《教师教育的发展与师范院校的转型》，《教育研究》2003 年第 6 期。

专业发展的能力，不适应新时代发展的要求。另外，受到改革开放以来我国高等教育管理体制改革的影响，高师教育模式的转型也就显得非常必要。

基于教师教育理念，师资培养模式需要由定向型向非定向型转变。在转型的过程中，师范教育机构在教育层次上的逐渐升格和师范教育机构在高等教育系统中的不断融合是贯穿始终的主线。一方面，国家开始允许并鼓励综合性大学办师范专业；另一方面，师范学校为增强竞争力，开办非师范专业，逐步走向综合化，提升教育层次。

1999 年 6 月，《中共中央、国务院关于深化教育改革，全面推进素质教育的决定》提出："把提高教师实施素质教育的能力与水平作为师资培养、培训的重点。加强和改革师范教育，大力提高师资培养质量。调整师范院校的层次与布局，鼓励综合性高等学校和非师范类高等学校参与培养、培训中小学教师的工作，探索在有条件的综合性高等学校中试办师范学院。"此项决策开启了师范教育转型的历史篇章，对原有高师教育模式提出了挑战①。2001 年国务院颁发了《关于基础教育改革与发展的决定》，提出"完善以现有师范院校为主体、其他高校共同参与、培养培训相衔接的开放的教师教育体系"。2002 年全国教师教育工作会议也提出，"十五"期间教师教育事业改革与发展的主要任务是初步形成以现有师范院校为主体、其他高等学校共同参与、培养与培训相衔接的开放的教师教育体系，基本形成适应全面推进素质教育需要的基础教育教师队伍。《教育部 2003 年工作要点》再次强调，要"加快建立开放灵活的教师教育体系，提高办学层

---

① 张乐天：《教育政策法规的理论与实践》，华东师范大学出版社，2002，第 254 页。

次，推进师范院校改革，鼓励综合性大学开展教师教育"①。近几年，国内一些综合性大学已经开始设置并发展教育学科，甚至一些理工科院校也开始酝酿设立教育学院。

同时，我国部分师范院校开始了综合化的进程，体现在学科结构的综合化、专业设置的综合化以及人才培养模式的综合化等方面。如北京师范大学经过多年的发展积累，先后设立了法学院、管理学院、经济与工商管理学院、政治学与国际关系学院等非师范类专业，现在非师范类专业已占了学校专业的一半以上。教育部颁布的本科专业目录共分 11 个门类，北京师范大学现有专业已涵盖了其中 9 个门类。从 2002 年起，北京师范大学在有关专业的招生中取消了师范专业与非师范专业的界限。此外，我国其他高水平师范大学也正在逐步向综合类大学靠近。

三、教师教育模式的纵向转变：职前职后一体化体系的不断推进

教师的专业成长是教师终生的个体社会化过程，是"涵盖了职前、职后教育在内的一体化的教育，单靠职前的一次性终结性的师范教育是不够的。教师的专业发展贯穿于职前培养与职后进修的全过程，一体化是教师专业发展的必然要求"②。过去，我国也一直存在教师继续教育的有关机构和形式，但"文革"中，这些继续教育机构和

① 教育部：《教育部 2003 年工作要点》，《中国教育报》2003 年 1 月 2 日。
② 瞿葆奎：《中国教育研究新进展・2000》，华东师范大学出版社，2001，第 351 页。

形式遭到了严重破坏。改革开放后，经过一系列改革，我国中小学教师的职后教育也开始得到正常运转，并基本形成了以各级师范学院和其他各种教育机构为主体的职前培养，与由各级教师进修院校和其他形式的职后培训组成的比较完备的师范教育体系。但是，教育的主体是地方教育学院和教师进修学校，高师院校很少问津，即使参与，也只是处于学校边缘地位做辅助式参与，职后教育具有"学历补偿"式特点。这造成了不同隶属关系的教师进修机构与师范院校之间相互独立、自成体系的格局，整个师资培养呈双轨制的特点，并造成职前职后隔离、体制机构各自为政、教育内容重复交叉、资源配置不合理等诸多问题的出现。加之我们是"穷国办大教育"，教育资源的有限性与教育需求的无限性，一直是教育发展的一大矛盾，这种重复交叉不仅造成了资源的浪费，更会影响教师专业发展的质量。针对这些问题以及职后教育在教师专业化中的重要地位，高师院校亟须加入职后教育体系中，实现高师教育职前、职后一体化的格局体系，并在其中居于主体地位。

为了在教师教育模式中体现这种纵向的一体化理念，我国政府、教育部制定了一系列相关政策文件做出引导。1999年，第三次全国教育工作会议召开，会上教育部提出"完善以现有的师范院校为主体，其他高等学校共同参与、培养培训相衔接的开放的教师教育体系"。2001年国务院《关于基础教育改革与发展的决定》中已经明确提出："教师教育体系要在改革发展中保持相对稳定，现有的独立设置的师范院校，是教师教育体系中的主体，主体要保持稳定。"2002年，教育部下发的《关于"十五"期间教师教育改革与发展的意见》则更明确地提出，建立"在终身教育思想指导下，按照教师专业发展的不同阶段，对教师的职前培养和在职培训一体化"，"以现有师范院校为主体、其他高等学校共同参与，培养与培训相衔接，体现终身教育思想的、开放的教师教育体系"。

第二节　教师专业发展水平的改革提升

一、提高教师专业发展的基点

虽不能说学历高低必然决定教师的素质高低，但学历的确能从一个侧面反映出教师的专业素养和素质水平。从国际上看，学历提高也曾是美国等发达国家教师专业发展的一个必经阶段。新中国成立以来，不仅教师教育的层次较低，而且各级层次教师的学历水平不高。截至 1998 年，按国家规定的审批程序批准设置的主要从事教师职前培养的高师院校 229 所，其中专科高师院校 154 所，占高师院校的67.2%；本科高师院校 75 所，占高师院校的 32.8%。另外，我国还有从事教师继续教育的教育学院 190 所，在高师教育系统（包括职前、职后共 419 所）中占 45.3%，这些教育学院多为专科层次。同年全国共有普通高等院校 1022 所，其中专科学校仅 331 所，占普通高等学校的 32.4%；在专科学校中高等师范专科学校 154 所（不包括教育学院），占全国高等专科学校的 46.5%[①]。由此可见，和普通高等学校的办学层次相比，我国高师院校的主体位于专科层次，主要培养专科学

---

① 中华人民共和国教育部发展规划司编：《中国教育统计年鉴》，人民教育出版社，1998。

历的教师。教师个人的学历层次较低。新中国成立后，我国师范教育仅仅是为了缓解师资紧缺而进行的短期培训，培养的师资多为"教书匠"，水平不高，大部分教师尤其是农村中小学教师的学历层次和专业知识水平偏低。据 1981 年统计，高中教师中 64% 没有达到大学本科的水平，初中教师 85% 没有达到专科的学历要求[①]。新的时期，高等教育大众化，社会公民的素质普遍要求提升，基础教育新一轮的改革也要求高学历、高素质的教师，这都对教师的专业化起点提出了更高的要求。为提高我国教师专业发展的基点，普遍提升教师的学历水平，我国政府、教育部做了许多努力。在第三次全国教育工作会议上，提出了我国教师学历发展的远景目标：到 2010 年前后，具备条件的地区力争使小学和初中阶段教育的专任教师的学历分别提升到专科和本科层次，经济发达地区高中阶段教育的专任教师和校长获得硕士学位者必须达到一定比例。

(一) 提升教师教育层次

我国在提升教师教育层次方面采取了两条路径：其一，升格高师教育系统，实现"旧三级"到"新三级"的过渡。2002 年的全国教师教育工作会议上明确提出：中小学新教师培养要有计划、有步骤、多渠道地纳入高等教育体系，逐步取消中等师范教育，改变原有师范教育的中专、大专、本科三级体系，形成专科、本科、研究生三个层次的教师教育，提升教师教育的层次，全面提高中小学教师的学历。通过努力，我国师范教育专科学校的数量逐步减少，1999 年到 2005 年，全国师范专科学校由 140 所减少到 58 所（其中新建 17 所），中等

---

① 孟宪乐：《教师专业化发展与策略》，中国文史出版社，2005，第 3 页。

师范学校由 815 所减少到 228 所（含幼师 62 所），而高师本科院校却由 87 所增加到 96 所①。其二，开设教育硕士学位。为了适应基础教育改革与发展对优质教师资源的迫切需求，1996 年国务院学位委员会审议并通过了《关于设置和试办教育硕士专业学位的报告》，批准设置教育硕士学位，并决定北京师范大学等 16 所高校为首批试点培养单位。1997 年 9 月，首批攻读教育硕士专业学位的学员入学，揭开了我国教育硕士专业学位教育事业发展的序幕。此后，教育硕士招生和培养的专业领域逐步拓展。教育硕士学位的开设，促进出现研究生学历的教师层次。到 2001 年，小学、初中教师开始出现研究生学历。2005 年，小学教师中研究生学历者占 0.03%，初中教师中研究生学历者占 0.2%②。

（二）开展教师继续教育

为配合职前教育，提高在职教师的专业发展基点，教育部决定加大对职后教师的在职培训，通过鼓励教师参加成人高考、自学考试、函授、夜大、电大等来提高中小学师资的学历层次。按照《面向 21 世纪教育振兴行动计划》的要求，教育部于 1999—2003 年组织实施"中小学教师继续教育工程"，开展教师网联计划，组织全国中小学教师岗位培训。分别在北京、吉林、山东、浙江等 11 个省（市）开展实施，通过教师继续教育，在职教师的学历水平也有所提高。截至 2002 年，11 个省（市）中小学教师学历状况与 1999 年比较，其中小

① 郭扶根：《吸引最优秀的学生　师范教育为何重归免费时代》，《光明日报》2007 年 4 月 11 日。
② 全国教育硕士专业学位教育指导委员会：《继往开来，改革创新大力推进，教育硕士专业学位教育发展——庆祝教育硕士专业学位教育十周年》，《中国教育报》2007 年 12 月 15 日。

学教师学历合格率平均提高 1.55%，小学高一层次教师学历提高 18.24%，初中教师学历合格率平均提高 4.67%，初中高一学历层次教师提高 8.48%，高中教师学历合格率平均提高 6.59%。"中小学教师继续教育工程"的实施，对上述地区中小学教师的学历水平和整体质量的提高，发挥了重要的作用①。

（三）实施免费师范生政策

我国曾长期实行师范生免费教育政策，但由于国家财力不足，难以支撑庞大的高教开支，于 20 世纪 90 年代开始实行高等教育缴费入学的培养机制改革，并于 2003 年开始对师范生实行全额收费。自师范生收费教育制度实施以后，报考师范院校的优秀生源明显减少，师范院校的生源质量迅速下滑，影响了师资的职前培养质量，教师专业化的基点下降，影响了师资质量。基于此，2007 年 3 月 5 日，国务院总理温家宝在十届全国人大五次会议政府工作报告中，宣布将在教育部直属师范大学实行师范生免费教育。2007 年 5 月 14 日，国务院办公厅发布了教育部、财政部、中央编办、人事部《教育部直属师范大学师范生免费教育实施办法（试行）》，决定从 2007 年秋季起在教育部直属的北京师大、华东师大、东北师大、华中师大、陕西师大和西南大学 6 所师范大学实行师范生免费教育。其中明确了免费师范生入学前与学校和生源所在地省级行政部门签订协议，承诺毕业后从事中小学教育工作 10 年以上。实施免费师范生政策后，吸引了一些优秀的人才补充到教师队伍，从入口处把好教师的质量关，在一定程度上提高

① 国家教育督导团：《国家教育督导团对北京等 11 省（直辖市）实施"中小学教师继续教育工程"督导检查情况的公报》，中华人民共和国教育部网，http：//www. moe. gov. cn/srcsite/A11/moe_ 1817/moe_ 765/200304/t20030409_ 81611. html。

了教师专业化的起点。2007 年 7 月，6 所部属师范大学开始招收免费师范生，共招收 10933 人，免费师范生在各地的提档线平均高出省重点线约 40 分，生源结构和质量均好于往年①。但免费招收师范生是否一定愿意或者能够成为一名优秀的人民教师，还是值得考虑的问题。

（四）实施教师资格制度政策

新中国成立以来很长一段时间内，我国存在大量的不按教师资格条件录用教师的现象，造成教师队伍参差不齐，整体素质得不到保证。为统一入职教师的资格，普遍提升入职教师的质量，20 世纪 80 年代后期，我国开始酝酿建立教师资格制度。1986 年《中华人民共和国义务教育法》第三十条规定："教师应当取得国家规定的教师资格。"1993 年 10 月 31 日，《中华人民共和国教师法》（以下简称《教师法》）提出"国家实行教师资格制度"，不仅规定了教师的权利、义务及保障权益、保障教师待遇的具体措施，而且分别对取得教师资格的对象及其条件等事宜做了明确的规定。这是首次以国家法律的形式确立了教师资格条件的国家标准，标志着教师资格制度开始迈入法制规范阶段。1995 年 3 月通过的《中华人民共和国教育法》，再次以国家法律形式明确规定了国家教师资格制度。1995 年 12 月 12 日，教育部颁发了细化《教师法》有关教师资格条款的《教师资格条例》，提出了实施教师资格制度的具体规划，对教师资格的分类和使用、申报教师资格的条件、教师资格考试、教师资格认定等都做了详细的规定。1995 年 12 月 28 日，教育部又颁发了《教师资格认定的过渡办法》（以下简称《过渡办法》）的通知，依照《过渡办法》对符合条件的

---

① 谢湘：《谁为免费师范生解未来之忧》，《中国青年报》2014 年 9 月 16 日第 3 版。

在职在岗的教师资格进行认定。2000 年 9 月颁布了《〈教师资格条例〉实施办法》。这样，《教师法》《教师资格条例》《〈教师资格条例〉实施办法》共同构成了我国教师资格制度法制规范的完整体系，保障了入职教师的资格条件。自 2001 年全面实施教师资格制度以来，教师资格制度对我国教师队伍建设和教师教育起到了很大的推动作用，教师队伍素质已经获得明显提高，到 2007 年年底共有 1963 万多人取得教师资格。

二、加强师德建设

教师素质，师德为先。教师是人类灵魂的工程师，是青少年学生成长的引路人。教师的思想政治素质和职业道德水平，直接关系到大中小学德育工作状况和亿万青少年的健康成长，关系到国家的前途命运和民族的未来。加强师德建设对正处于社会转型时期的中国显得尤为必要，我国刚开始进入市场经济条件和开放的环境中，学校教育和师德建设工作面临许多新问题和新挑战。

关于师德建设，我国有很多的政策法律法规对其做出了强调和规范。1995 年的《中华人民共和国教育法》、1998 年的《中华人民共和国高等教育法》、1993 年的《中华人民共和国教师法》《中共中央、国务院关于深化教育改革，全面推进素质教育的决定》《教育部关于进一步加强和改进师德建设的意见》专门探讨了教师职业道德的含义、总体要求及其主要内容，《中共中央宣传部、教育部关于进一步加强和改进高等学校思想政治理论课的意见》《中共中央、国务院关于进一步加强和改进大学生思想政治教育的意见》及 1991 年的《中小学教师职业道德规范》等文件，都对师德建设提出了相应的强调和规范要求；2008 年，为贯彻落实党的十七大精神和胡锦涛同志"8·31"重要讲话精神，进一步加强教师队伍建设，全面提高中小学教师队伍的师德素质和专业水平，教育部对《中小学教师职业道德规范》进行了修订，并印发实施。

第三节　教师地位、待遇的改革提升

教师的社会地位和待遇是教师专业化的重要社会内涵，而且教师社会地位以及待遇的高低，也是衡量教师专业化水平的重要标准。待遇是教师生存的基本条件，也是其作为教师享有的特殊荣誉。在教师地位的三个因素中，经济地位即待遇水平的高低是整个社会地位的基础和关键，教师的经济收入水平及相关待遇，也成为衡量教师社会地位的重要指标之一。由于教育是一项全社会的公益事业，大多数教师的经济收入是依靠国家财政拨付，教师经济地位的保障就取决于国家和政府对教育的重视程度以及财政收入的状况。

中国自古以来就有尊师重教的传统，俗语"一日为师，终身为父"即体现了这一传统。然而，20 世纪六七十年代，包括教师在内的知识分子遭到了不公平待遇，甚至被贬为"臭老九"，成为改造的对象，名誉扫地，更不用说经济地位和待遇了。为切实提高广大教师的社会地位，将尊师重教的传统加以落实，1985 年，六届全国人大通过议案，将每年的 9 月 10 日定为教师节，这体现了教育界与社会各界对教师身份和地位的普遍认同，提高了教师的政治地位、社会地位和职业地位。1993 年《教师法》明确提出"全社会都应当尊重教师",并具体界定了教师应有的权利、义务和责任,在一定程度上进一步明晰了教师的法律地位。《教师法》第 25 条规定:"教师的平均工资水平应当不低于或者高于国家公务员的平均工资水平,并逐步提高。建立正常晋级增薪制度,具体办法由国务院规定。"第 29 条规定:"教师的医疗同当地国家公务员享受同等的待遇;定期对教师进行身体健康检查,并因地制宜安排教师进行休养。医疗机构应当对当地教师的医疗提供方针。"之后,中共中央、国务院于 1993 年 2 月 13 日颁布了《中国教育改革和发展纲要》(以下简称《纲要》),指出"振兴民族的希望在教育,振兴教育的希望在教师。建设一支具有良好政治业务素质、结构合理、相对稳定的教师队伍,是教育改革和发展的根本大计。要下决心,采取重大政策和措施,提高教师的地位,大力改善教师的工作、学习和生活条件,努力使教师成为最受人尊重的职业"。1994 年,国务院又印发了《关于〈中国教育改革和发展纲要〉的实施意见》,对提高教师的待遇和社会地位做出了明确规定。同时,指出各级政府和教育行政部门必须保证实现《教师法》和《纲要》所规定的教师工资待遇的目标,使教师的平均工资水平不低于或者高于国家公务员的平均工资水平。要建立有效机制,绝不允许拖欠教师的工资。人事、财政部门应制定相应的提高教师工资的规划和计划。此外,国家还进行了教师工资制度的改革,提高教师工资水平;建立模范教师奖励晋级制度;建立完善教育系统的奖金津贴制度等措施,改善教师的待遇和地位。

通过国家的一系列政策引导,我国教师的地位和待遇有了很大程度的改善。1978 年,我国中小学教师的人均年收入为 559 元,而到

2000 年已增加到 8274 元。高等院校教师的工资待遇 2000 年达到
14198 元①。2003 年，全国高校和中小学教职工年平均工资分别达到
23307 元和 13293 元，年增幅分别为 10.7%和 14.2%，分别是 1985 年
的 18.7 倍、11.9 倍（这里提到的教师待遇是指城市教师的待遇，不
是指所有的教师)②。也有学者以职业声望作为标准对当前我国教师的
地位做出了衡量。其中，作者综合了多位学者的职业声望量表，并对
它们进行了数据分析，最终得出结论：我国教师的声望正在逐步
提高③。

这些年来我国高师教育围绕教师专业化所做的改革和调整，在很
大程度上促进和改善了教师教育的转型和教师的专业发展，但也应看
到，仍然存在诸多不足之处。比如侧重宏观，忽视微观（对课程体系
和教学内容的改革强调不足，对教学方式的改革重视不够），政策的
分类指导性不足等问题。这与教师专业化在我国开始的历程比较短有
关系，希望在今后的改革中，我国政府、教育部能够对之予以重视和
加强。

第四节　"新师范"：师范教育发展的新阶段

针对教师教育师范性淡化导致的师范生质量下降问题，习近平总

---

① 《中国教师队伍的现状》，中华人民共和国驻瑞士联邦大使馆网，https：//www. fm-
prc. gov. cn/ce/cech/chn/xwss/t113804. htm。
② 《盘点回顾：十年教师节备受瞩目的"关键词"》，大公网，http：//edu. takungpao.
com/q/2013/0910/1895055_ 2. html。
③ 王新兵、杜学元：《社会转型时期我国教师职业声望的现状、成因及对策》，《教师
教育研究》2006 年第 1 期。

书记强调："要加强教师教育体系建设，加大对师范院校的支持力度，找准教师教育中存在的主要问题，寻求深化教师教育改革的突破口和着力点，不断提高教师培养培训质量。"① 2018 年 1 月，中共中央、国务院发布了《关于全面深化新时代教师队伍建设改革的意见》。同年，教育部等五部门联合印发了《教师教育振兴行动计划（2018—2022年）》，提出加强教师队伍建设、提升教育质量水平的战略举措。《教育部关于实施卓越教师培养计划 2.0 的意见》明确提出："经过五年左右努力，办好一批高水平、有特色的教师教育院校和师范专业……以师范生为中心的教育教学新形态基本形成。"② 师范教育再次回归。但在新的时代，师范教育却被赋予了不同于传统的新的内涵，被称为"新师范"。师范教育进入致力于质量提升的"新师范"阶段。

① 《习近平：做党和人民满意的好老师——同北京师范大学师生代表座谈时的讲话》，中央政府门户网，http：//www. gov. cn/xinwen/2014-09/10/content_ 2747765. htm。
② 教育部：《教育部关于实施卓越教师培养计划 2.0 的意见》，中华人民共和国教育部网，http：//www. moe. gov. cn/srcsite/A10/s7011/201810/t20181010_ 350998. html。

第五章

我国大学教学评价制度的反思与重构

大学教学评价作为制度导引，成为大学教学诸多现实问题的根本和核心。大学教学评价制度根植于特定的大学教学观，因此观念的转变是大学教学评价制度变革的关键。教学学术作为一种新的大学教学观为此提供了契机，以教学学术观为统领对大学教学评价制度进行修正和完善，不仅适时，而且必要。

第一节　教学评价：大学教学
现实问题的制度核心

我国的大学教学评价已在多种层次得以体现：大学排名中的教学评价指标、学校层面的教务处和督导组的教学评价以及个体层面的学生评教。虽然形式不同，但评价内容却大都集中在教学态度、教学方法、教学效果等方面，大同小异，共同构成并作为教学系统的制度核心，成为当下我国大学教学诸种现实问题的根源。

一、评价的知识缺失引发大学教学的专业性缺失，大学教师专业 发展失衡

当前的大学教学评价主要限于课堂教学，更加关注教师的教学行为表现，评价指标过于表面化，而忽视了教学反思和教学研究等课堂教学之外的活动，而正是这些以知识为基础的活动体现了教学的专业特性。限于行为层面的大学教学评价是知识取向缺失的制度设计。教学的专业特性被遮蔽，影响了大学教师专业发展的全面性，造成大学教师专业发展的失衡问题。

二、当前的教学评价不属于学术评价，教学的学术性被遮蔽

当今的大学教师评价系统中，学术评价和教学评价分离成为两个平行的子系统，虽然只是名称的对立，却暗示并牵连以内涵和行为的对立。在潜意识中告诉教师教学非学术，教学的学术性被遮蔽，在一定程度上刺激并固化了教学是技术活动这种传统大学教学观。这无疑成了当下学术内涵窄化的良好佐证，即认为学术仅仅局限于科学研究。大学尤其是研究性大学是以学术为其生命所在，在科研至上的功利主义刺激下，重"研"轻"教"现象也就不足为奇了。

三、评价封闭窄化、同一量化，扼杀教师教学的个性和创造性

首先，教学评价囿于课堂教学，忽视了教学的系统存在，忘记了教师的多重主体身份，评价缺少教师参与，缺少自我评价，不利于激发教师教学的自我反思。其次，教学评价是形式单一的评价。主要采取问卷表格制，属于"一表通全校"，无视不同院系、不同学科、不同教师个体的差异，扼杀了教师教学的个性和创造性。受制于表格测量的局限性，评价只保留最基本的要求，而缺少适应于不同特色教学水平的期望和标准，降低了教师从事教学的动机和投入的时间精力，限制了大学教师的教学发展。最后，量化评价遮蔽了大学教学本身的丰富内涵，是一种片面的评价制度。

四、评价指向于教师，对学生关注不够

当前，我国大学教学评价指向于教师，对学生关注不够。虽然近年来学生评教已作为大学教师教学评价的一部分存在，体现了教学评价中学生主体参与程度的提高，但指标设计仍然侧重于教。对学生有所关注但也仅侧重于其知识获得量的考核，而相对缺少对学生的批判思维、研究能力等方面的成长观照。另外，学生评教中由于缺少对学生学习的关怀也容易导致学生评教时的浮躁情绪，影响了评价的客观性和真实性。

第二节　教学学术视野中的大学教学

一、教学具有系统多样性

　　与传统大学教学观的狭隘和单一相比，教学学术视野中的大学教学则作为一种开放的系统存在，呈现多样化的特征。首先，教学不再局限于课堂教学，而扩展至包括"课程目标、教学方法、学生评价、教学评价"这样的广义范畴，成为一个系统存在①。也就是说，教师应成为承担从教学目标到课程设计、学生评价至教学评价等多方面活动的主体存在。其次，教学个性化，作为一种多样性活动存在。"就像学生采取不同的方式学习一样，大学教师也采取不同的方式教学。与面临不同的教学情境一样，在相同的教学情境中，教师个体间对于教学的感知、经历教学的方式以及教学的成果（所得）均有所不同。"②

　　在这种系统的、多样化的教学情境中，教师的教学是个性化的，教师对教学拥有自主和决策权，享有充分的自由，在教学活动中，教师是具有个性的个体，从事的是具有创造性的活动。

---

① Ramsden, Paul., *Learning to teach in higher education*, London：Routledge, 1992, p. 9.
② Prosser, M., Trigwell, K., *Understanding learning and teaching：The experience in higher education*, Buckingham：SRHE and Open University Press, 1999, p. 7.

二、教学是一种专业活动，强调教师教学专业的发展

在教学学术视野中，大学教学是以知识为根基的活动，从反思开始的教育教学理论知识的介入，到教学隐性知识的提升，再到将其公开实现知识对教育理论的进入，知识贯穿于大学教学的始终。换言之，一个好的教学不仅要求教师应熟悉本学科领域的专业知识，还应该熟知本学科教育教学的理论和实践知识。如莱斯（Rice）认为，在教学学术过程中要贯穿知识的 3 种形式，即概要性知识、教学法知识和教学内容知识[①]。

在教学学术视野中，知识开始成为教学学术的重要维度之一。继而，大学教学拥有了成为专业活动的知识条件，教学的专业性得以彰显，教学的专业发展价值得到认可。

三、教学作为一种学术存在

教学是一种学术活动，具备一般学术所具有的反思性、探究性、创造性、公开化等特征。"将教学视为学术的一种，就要不仅将教学视为一种活动，而且要视为一个探索的过程。"[②]

教学不仅是本学科知识的传授，也是一个教学相长、改造和扩展

① Kreber Carolin., "Charting a critical course on the scholarship of university teaching movement," *Studies in Higher Education*, Vol. 30, Issue. 4（2005）：390—405.
② 王玉衡：《试论大学教学学术运动》，《外国教育研究》2005 年第 12 期。

知识的创造性过程，在"教学实践中能够产生新的知识"①，而产生知识的机制则在于教师的行动研究，这需要教师在教学中和教学后的对于教学的批判性反思。另外，交流也是教学活动中的一个重要因素。舒尔曼（Shulman）将教学描述为一种公共财富，认为教学的过程和结果也应像一般的学术成果一样进行分享、讨论、批判和交换，可以成为他人借以继续进行行为实践和理论研究的基础和依据②。

四、教学指向于学习，关注学生的成长与发展

传统大学教学观也关注学生的学习，但更多的是侧重于教师在课堂中对于知识的灌输，关心学生对这些知识的获取量，而对于学生是否有效地对知识做出吸收则不是特别重视。与之相比，教学学术不仅关注学生对于知识量的获得，更加关注学生学习的有效性，关注学生的批判性思维能力、研究能力和学习能力的养成。在教学这种学术活动中，要求学生不应仅仅成为获取知识的容器，而更应主动地学习，成为批判性的、创造性的思考者，并能够拥有继续学习的能力，对于学生的这种定位构成了教师教学的主要目标和要求。

教学的这些特性并非孤立存在，而是以一种连续的方式整合于教师的教学研究过程中。教学学术作为一种新的大学教学观，克服了传

---

① Schon, Donald A., "The new scholarship requires a new epistemology", *Change*, 1995, Vol. 27, Issue. 6.

② Shulman, Lee S., "Teaching as community property: putting an end to pedagogical soli-tude," in Shulman. L. Teaching as Community Property: Essays on Higher Education (San Francico, CA: Jossey-Bass, 2004), pp. 139—144.

统大学教学观的各种弊病，有助于改善大学教学实践现状，大学教学的实践对教学学术的要求非常迫切。大学教学评价作为教学系统的制度核心更是对其提出了要求，以教学学术观念统领大学教学评价制度的变革，对其做出修正和完善实为必要。

第三节　教学学术视野中的大学
教学评价制度构建

一、大学教学评价进入学术评价系统，实行分类、分阶段评价

教学是学术，首先就应体现在学校评价制度的设计安排方面，应在形式上做到学术评价范畴对教学的承认和吸纳，实现大学教学同科研的平等地位。因此，有必要建立一种包容教学评价和科研评价的综合性的大学教师学术评价系统。考虑到教师的个体和个性差异、教师在不同时期的兴趣点和精力分布的差异性存在，以及教学和科研在同一个体的平衡困境等多种复杂性因素，学校可以采用"创造性合同"的办法，即教师可以根据自己的兴趣点来确定工作领域，并与学校签订这一阶段工作合同，学校便可针对教授这一阶段的工作表现对其进行合同评价①。当教授完成这一工作领域的任务，兴趣有所转移，便

---

① 国家教育发展研究中心：《发达国家教育改革的动向和趋势（第五集）——日本、英国、联邦德国、美国、俄罗斯教育改革文件和报告选编》，人民教育出版社，1994，第55页。

可以重新确定工作重心，再与学校建立合同，同时学校对教授的评价
标准也应做出相应改变。通过"创造性合同"，一方面明确了教师的
角色定位，是侧重科研还是教学；另一方面，确定教师在不同时期的
工作重点。这可以实现根据教师的兴趣专长和精力分布对教师的分
类、分阶段评价。

二、确定教学水平标准，实行分等级评价

教学学术是一种教学观，是可期望的教学目标、教学理想，是教
师教学水平的反映。因而，现实中的大学教师教学存在等级差别。同
时，这意味着教学学术并非人人皆宜，并非要求每个人都必须达到。
然而，教学是一种复杂的专业活动，并非仅仅达到一定的工作量就可
以的活动。因此，对教学的评价应分等级进行，即应采取由基本工作
量的满足到理想的教学学术之间的序列式评价，从而构成一定的教学
刺激，以激发教师教学专业发展的动力和愿望。例如，我们可以将教
学区分为合格、优秀、学术性教学和教学学术4个等级：合格是最基
本的要求，是对课时量和工作量的考核；优秀是对教师能否在课堂教
学中实现知识的有效传递和对学生学习能力培养程度的考量；学术性
教学要求教师不仅要了解并熟悉教育教学理论知识，还要在教学中和
教学后对教学做出评价和反思；教学学术是最高层次，具备前面3个
等级的各种要求。此外，教学学术还要求教师就教学与同行之间进行
交流，将自身的教学实践以及教学理论的思考撰写成论文或进行会议
交流予以公开化，进入公共知识视野，成为其他人思考和利用的知识

和实践基础①。

三、澄清教学的多维属性，实行多维度考核

教学是一种复杂的学术活动，具有专业性特征，具有多维度的形象表征。因而，教学不只是行为的表征，更加拥有知识、反思、探究等多种面貌和形象。专业性决定了教学有其特定的知识基础，这种知识既有外在的系统教育教学理论知识，也有教师在教学实践中的千姿百态的隐性知识，知识的运用与生成的程度和水平能够在很大程度上反映出教师教学的专业水平。教学是学术，决定了在教学活动中需要反思、探究的参加和知识的生成。因此，在对大学教师的教学做出评价时，需要多维度的权衡。例如，英国学者特利戈维尔（Trigwell）等人认为可以从 4 种维度对教师的教学予以评价，即知识、反思、交流和观念②。

四、加强评价的学生取向性

教学是教和学共同的活动，教和学紧密联系在一起。教师教的有效程度如何在很大程度上可以从学生的学习中得以反映，而且通过对

---

① Mick Healey., "Developing the Scholarship of Teaching in Higher Education: a discipline-based approach," *Higher Education Research & Development*, 2000, Vol. 19, No2.

② Keith Trigwell, Elaine Martin, Joan Benj-amin, et al. "Scholarship of Teaching: a model," *Higher Education Research & Development*, 2000, Vol. 19, No2.

学生学习成效和问题的反映也可以折射出大学教学中的问题所在。另外，教学最终指向于学生的有效学习。教是为了更好地学，教师教得再好，而如果学生没有获得有效的发展，再好的教也是无用的。因此，在导向上，教学评价不仅应该侧重于教，更应该增加对于学生学习的支持功能，增加对于学生学习有效程度的考量。因此，在评价指标中，应不只是知识的获知，更应该让学生从自身的角度评价其在教学中批判性思维能力、研究能力和继续学习能力的成长和发展程度。这样一来，不仅更全面地反映了教师的教，而且通过对学生学习的指向和关注，能够激发学生参与评教的积极性，便于保证大学教学评价的客观性和真实性程度。

☞第六章

我国高校绩效评价的反思与展望

在宏观高等教育管理体制改革的背景下，为提升高校资源的利用率及高等学校的办学效益，为政府、高校管理层的决策提供指引，同时为弥补原有高校评估中的不足，中央教科所在 2009 年率先以教育部直属高校组织了第一轮绩效评价，并出版了第一本《中国高等学校绩效评价报告》。我国政府也在近期颁布了《国家中长期教育改革和发展规划纲要（2010—2020 年）》，指出：一要建立高校分类体系；二要克服同质化倾向；三要改进管理模式，引进竞争机制，实行绩效评估，进行动态管理。大学绩效评价作为一种评估的新形式，为我国的高校评估之路开拓了新的方向。

第一节 高校绩效评价的内涵

一、高校绩效评价是一种相对评估

高校绩效评价是高校评估的一种形式，是对传统高校评估的补充，具有独特优势。传统的高校评估是一种"绝对量评估"，缺少对办学效益、效率的关注，容易导致资源浪费。高校绩效评价是一种"相对评价"，是对投入与产出的效率/效益的衡量①。高校绩效评估不仅关注结果，更关注效率。这从中央教科所于 2009 年公布的《中国高等学校绩效评价报告》中可见一斑。评估发现高校在投入产出的比重方面呈现为三个群体。在第二个群体即投入与产出不稳定这一群体中，"985"高校占了将近一半。它们在原有的"绝对量"评估中恰恰都是排名靠前、国家投入比重最多的高校。

二、高校绩效评价是多层面多维度的评估

高校绩效评价是对投入与产出效益、效率的关注，这就决定了投入与产出是高校绩效评价内涵的决定者。高等教育的资金投入体现为

① 侯启娉：《基于 DEA 的研究型高校科研绩效评价应用研究》，《研究与发展管理》2005 年第 1 期。

两个维度：横向维度和纵向维度。横向维度是针对高等教育的投入对象而言的。高等教育的投入对象包括人力、财力、物力三个方面。人力投入包括一定数量的教师、行政人员、管理人员和后勤保障人员等；财力投入包括教育经费、上级补助收入、科研经费、经营收入等；物力投入包括各种用房、教学设施、仪器设备等。纵向维度是针对高等教育的投入主体而言的。高等教育的投入主体既有宏观层面的国家对高校的投入，也有高校对各个院系、专业的投入。高等教育的绩效产出体现在教学、科研和社会服务等高校的基本职能中。投入与产出决定了高校绩效评价的多层面、多维度性。纵向层面，高校绩效评价包括政府对高校的绩效评价和高校内部的绩效评价。其中，高校内部的绩效评价又进一步体现为高校对各院系、专业、教师个体三个层面的评价。横向层面，高校绩效评价包括对不同工作领域的绩效评价，如对后勤管理、行政管理、科学研究、教育教学等方面的评价。

第二节　绩效评价在高等教育领域中应用的适切性和有限性

一、产业性：绩效评估的根本属性

事物所产生的领域和顺序在很大程度上能够反映该事物的各种属性和特质的重要程度。绩效评价最早产生于企业管理领域，而后应用于政府行政管理领域，最后才应用于高等学校。依照绩效评价产生的顺序，我们可以看出产业性、行政性是绩效评价的基本属性。这从已有的相关研究中得以反映。有学者对国内已有的以"高校绩效评价"为主题的文章做出统计分析发现：在已有研究中，有一半多的文献发表在非教育类期刊上，大多数文章发表在财会类期刊上，而发表在教育类期刊上的文章只占到总文献的 14.56%[①]。

二、绩效评价对高教领域的适切性

高等教育自身的产业性、行政性是绩效评估被引入高教领域的牵引力。自"威斯康星"思想得以提出、高校的社会服务职能得以确立以来，高等教育的产业性日渐彰显。另外，随着知识的日渐专门化，高校内部学科与事业部的交叉点日渐增多，高校的组织结构随之日趋复杂，高等教育的行政属性日渐彰显。高等教育自身的产业性、行政性为绩效评估在高等教育领域的生存提供了土壤，绩效评价与高等教育领域、高等学校这一学术组织具有适切性，绩效评价在高等教育领域的应用具有其合理性。

三、绩效评价对高教领域的有限性

除了产业性和行政性，高等教育还具有学术性。与产业性、行政

---

① 王定、牛奉高、郎永杰：《高校绩效评价的研究现状及趋势分析》，《黑龙江教育（高教研究与评估）》2011 年第 1 期。

性相比，学术性更为根本，是高等教育的根本属性。产业性、行政性
是其学术性的派生属性，是高校为了学术的发展需要衍生出的两种附
属属性，是服务于高等教育的学术性的。高等教育的属性位次决定了
绩效评价在高校中的应用势必会有其有限性。首先，"应用领域"的
有限性。绩效评价的产业性、行政性决定了它只能应用于高校内具有
产业性和行政性的后勤、行政管理等领域。其次，"绩效内涵"的有
限性。高等教育的产出（教学、科研、社会服务）均属于学术成果，
不同于企业生产的产品和政府管理的行政绩效。这种不同具体体现在
对"效果、效率"的理解上。要保证绩效评价在高等学校中得以正确
合理运用，我们有必要用学术的眼光对绩效评价的"效果、效率"做
出审视，对企业、政府中的"绩效效果"做出学术性加工。

第三节　对我国现行高校绩效评价的反思与展望

一、我国现行高校绩效评价中存在的问题

（一）量化评价之于学术工作的片面性

当前，我国高校绩效评价对结果的关注仍然停留数量层面。但学
术工作本身尤其是人才培养和科学研究却是非常复杂的。首先，人才
培养的质量彰显具有滞后性。人才培养的效果可能要在 10 年、20 年
以后才能够反映出来，在短期内很难看出来，短期只能看就业率和就

业质量。其次，科研成果的价值彰显具有滞后性。在各种研究中，只有应用研究能够立竿见影，基础研究的效益很难短期见到。进一步讲，就某些期刊论文而言，其价值不容易被立即鉴别出来。历史地看，某些理论被视为"异端邪说"，被认为过于"迂腐无用"。但在历经长时间的考验之后，却被证明是最有价值的。在这方面，最典型的代表便是爱因斯坦的相对论。他的理论在当时只能为个别人所理解，普通人很难接受，而今天则被视为物理学界的一场革命。与之对应，一时走俏的观点在若干年之后却被人们证明是错误的也不在少数。基于人才培养和科学研究本身的复杂性考虑，我们认为单纯强调对学术工作的量化考核是不完善的。

（二）评价维度的单一性带来的"趋同效应""排序效应"

我国现行的高校绩效评价是以学科、专业为单元将各种指标集中进行考核的，最终呈现为关于大学基本情况的数据排列，是单一维度的评价。如此，我们很难看出哪所学校在高校职能中的哪方面具有突出优势。因为高校的职能具有多样性，高校也具有不同的办学定位。同为一个学科、一个专业，各高校往往有其侧重点。比如，在"经济学"这一学科领域，有的学校特色在于其基本理论，而有的学校则在于其与当地经济建设相结合，为地方经济发展服务。

我国现有的高校绩效评价恰恰忽略了这一点，忽视了对高校自身办学特色的关注，丢掉了高校个性的评价，最终造成高校办学的趋同现象。另外，评价的一维性所带来的另一个后果便是潜在的"排序效应"。我国高校绩效评价是一种不排序的评价，然而，不排序不代表没有"排序效应"。数据靠前的学校往往不可避免地被人们认为是排名靠前的高校。

（三）单一评价维度中的科研导向性

采取以单一维度整合三大职能进行绩效评价势必引发顾此失彼。在传统学术观的诱导下，绩效评价中出现"科研导向"就不足为奇了。我国现行的高校绩效评价对科研这一职能的考核指标划分得尤为详尽，如论文发表数、获科技奖数、项目成果数等方面。与之对应，人才培养、社会服务两项职能的指标划分则相对不够详尽。另外，已有评价对人才培养这一职能的具体考核主要集中在技术而非学术层面，具有明显的"教学技术"而非"教学学术"取向。评价是行为的指挥棒，这无疑会给广大的高校、高校教师造成一种误导，那就是教学、社会服务不是学术，科研才是学术，只有科研才是应该重视和必须重视的工作。这无疑会加剧高教实践界中业已存在的"重科研轻教学"问题。

二、对我国高校绩效评价的展望

高等教育的属性既为绩效评价在高校中的应用提供了土壤，也对绩效评价在高校中的应用做出了限制。大学的学术属性决定了绩效评价在高等教育领域中必然有可为，也有其不可为。后者是我国已有绩效评价问题的高发区，也是我们改造现有绩效评价、发展绩效评价的着力区。为了使绩效评价能更准确地反映高校发展中的问题、更好地为高校的发展服务，笔者认为，我们有必要对已有的绩效评价做出"学术化"改造。

（一）高校绩效评价应着重处理好几对关系

1. 结果与过程的关系

绩效评价是结果评价，考虑的是投入、产出以及二者之间的关系，而对中间过程缺乏考虑。也就是说，当前的绩效评估更多的是一种终结性评价，而非发展性评价。和发展性绩效评价的有效实现有关的是高校内部自我评价。我国组织的高校绩效评价多是国家宏观层面的对高校这一整体进行的评价以及高校对教师个体行为的绩效评价，而高校对院系、高校对专业的绩效评价在整个评价体系中是缺位的。这一中间层次的评价却恰恰是保证绩效评价的发展性的重要环节。笔者认为，要协调好绩效评价在横向层面的结果与过程的关系，一个重要的手段便是鼓励、支持高校内部对于院系、专业的自我评价，通过高校内部定期、不定期地开展绩效评价实现对自身发展的保障。

2. 数量与质量的关系

现有绩效评价的指标体系设计过于注重对产出量的衡量，这不符合教学、科研工作本身的复杂性和学术性。仅仅靠量化指标不足以对它们的质量做出全面的衡量。因此，为确保数量与质量的关系，笔者认为可以适当增加定性的成分，具体到科研则为成果的原创性。如我们可以不再单纯以刊物等级这一指标来衡量，可以请同行专家对之做出判断。

（二）建立多维的评价模式

过去我们更多地强调以高校类型作为维度区分标准，以学科、专业为基本单元整合三大职能进行评价。这一单维度的绩效评价模式为我国高等教育的发展带来了"趋同效应"和潜在的"排序效应"，既不利于高等学校的准确定位，也不利于多样化高等教育体系的形成。基于此，笔者建议建立多维的绩效评价模式。这里的多维就是高校的三大职能，以职能作为评价模式建立的依据。比如，就"经济学"这一专业而言，以"人才培养"为评价维度和以"社会服务"为评价维度所产生的评价结果必然会有所不同。每所高校在不同的绩效评价序列中必然也会居于不同的位次，这无疑有助于克服单一维度绩效评价给人们带来的高校位置的"固着性"，必然有助于消除单一维度评价带来的"排序效应"。另外，多维评价模式也是特色化评价模式，它强调的是各高校在不同职能中的表现，而非整体。通过多维评价，国家、社会和高校都能准确地看到自己的学科、专业在三大职能中的擅长点，从而找准自己的特色，以多维评价帮助高校找准定位、特色办学，这也是符合我们国家高等教育未来发展的多元化趋向的。最后，通过多维评价模式的建立，能够对原有评价中存在的"科研导向"问题予以克服。

☞第七章

从"教学学术"看普通高校
本科教学工作水平评估

我国开展普通高校本科教学工作水平评估的时间比较短，因此理论和实践经验均相对缺乏，且研究大多集中在指标体系等问题的探讨上。本书试图以博耶所提出的"教学学术"为视角，对评估提出几点改进的建议。

第一节　什么是"教学学术"

"教学学术"是博耶提出的一个新概念。在理论上，它赋予了教学以新的含义；在实践上，它有助于转变高校重科研轻教学的现实，还教学以应有的地位。它的提出有着独特的社会、学术背景和理论、现实依据。

一、"教学学术"产生的背景

20世纪末，美国大学中"一些教师可能没有经过很好的培训，甚至根本没有培训，自己摸索着教学方法；另一些教师则使用发黄的讲稿，开设混日子的课程，根本不花精力去面对他们的大学生"；"高级研究和本科教育处于两个截然不同的轨道，前者代表愉快、认可和奖赏，而后者则或多或少成为学校和教师的负担"（《重建本科教育——美国研究型大学蓝图》报告，1998年，博耶委员会），大学本科教育质量普遍下滑。鉴于此，教育家博耶提出一种新的学术范式，将学术分为探究的学术、整合的学术、应用的学术和教学的学术，进而将教学纳入学术的范畴，提出"教学学术"。

二、教学为什么能够成为一门学术

博耶指出，过去的学术"局限在某种功能的等级上"，在这种狭义的学术观念下，只有基础研究才能成为首要的和最基本的学术活动，而其他一切活动则不算学术。他认为，教学是一种复杂的活动，具有学术性。教学的学术性意味着教师不仅传授知识，而且创生和扩展知识；教师的教学既在于培养学生，又在于造就学者。在教师的教学中，这几方面的学术工作不是彼此孤立、互相排斥的，而是相互交叠、相互依存、相互促进的，处于同等重要的位置。"教学学术"包括有效地呈现知识，根据一定目的把不同领域的知识有条理地组织起来，使学科对学生来说更易接受、更有意义地掌握等等。

第二节　"教学学术"：普通高校本科
教学工作水平评估的理论依据

"教学学术"以学术的视野来看待教学，它为研究评估工作提供了一个新的视角和自然合法的依据。

教学、科研和社会服务是高校的三项重要职能，三者中，各大学大多偏向于科学研究和社会服务，对于教学则相对忽视，如高校的排名、教师的评价体系中，科研和服务等指标所占的比重较之教学要大得多。评价是个指挥棒，评价指标指向哪里，教师就往哪里走。高校及教师为了自身的利益，不得不重视科研和社会服务，而相对忽视了教学，继而造成本科教育质量的普遍下滑。笔者认为，造成这种现象的根本原因就在于人们对教学的看法存在偏差，教学不被看作学术活动，认为它不具有可研究的价值。

"教学学术"概念的提出，使教学从常态的自在自发转变为一种非常态的自为自觉，对教学进行评估也就成为必要的了。在一定程度上说，"教学学术"使普通高校本科教学工作水平评估在理论上实现了有据可依。

第三节　普通高校本科教学工作
水平评估中存在的问题

用"教学学术"的观点反观我们的评估工作，会发现其中存在以下几个问题。

一、高校内部的教学水平评估工作机制不完善

我国普通高校本科教学工作水平评估从总体上说分为两大部分：一是外部对于高校整体教学工作状况做出的评估，二是高校内部对教师教学工作水平做出的评价。第一部分与整个学校的生存利益相关，第二部分则与高校教师的生存利益直接相关。当前，我国各高校对第一部分给予了高度重视，对第二部分却大多疏于重视。这其中主要有两个方面的原因：一方面，尽管有些高校采取学生评教的方式，但由于缺乏完善的反馈机制，导致教学评估工作流于形式；另一方面，很少有高校将教师教学工作评价结果纳入教师职称评定指标中，即使有这方面的指标，其权重远没有科研所占比重大。因此，出现了教师重科研轻教学的现象，这导致高校近似乎研究所，高校教师近似乎研究员，而真正教学水平高的教师却有时因科研方面的成果不多而遭受不公平待遇。

二、忽视教师教育教学研究方面的考核

普通高校本科教学工作水平评估大多集中在课堂教学、教学的基本条件等方面，笔者认为其背后的一个基本理念就是把教学当作一种技术技能型的操作活动，而没有把教学看作一种复杂的、富有创造性的学术活动。教学是一种学术，一种和科学研究有着同样甚至比其更重要地位的学术活动，而当前的评估恰恰忽视了对于教师教育教学研究方面的活动及成果的考察，因而无法真正引导教师树立"教学学术"的观念。

三、定量考核为主，不符合教学的特点

在普通高校本科教学工作水平评估体系中，强调指标的明确、量化，以期通过量化、明确的指标来测量各高校的教学水平，最终给出一个尽量客观的分数来对学校进行水平排序。定量总能给人以客观、公正的感觉，但这并不符合教学活动自身的特点。

教学是一种很难精确量化的活动，是一种复杂的、动态的、灵活的活动，这样一种高度主观性的活动，应该侧重采取以定性为主、定量为辅的考核方式，而不应仅仅采取定量考核的测评方式。

四、缺乏观念上的引导作用

观念引导行动。现在高校本科教学质量普遍下滑，其中的根本原因就在于高校及教师对于教学的重视程度不够，一是认为教学只是讲讲课而已，不需要研究，也不需要花费更多的精力来备课；二是认为只要学科专业知识扎实、研究做得好，课自然就会讲得好，于是便把大部分精力转移到了科学研究及成果应用上，教学相对受到忽视。现在的评估中大部分工作还只是停留在表层，没有深入观念层面中。

第四节　对普通高校本科教学工作
水平评估的几点建议

一、应加强内部教学工作水平评估

高校应加强内部教学工作水平评估，加强对教师个体的教学工作评估。具体来说，一方面，高校应加大评估结果的反馈力度，使评估效果有用；另一方面，高校应把教学评估结果纳入教师职称评定的条件中，并加大指标的权重，使高校教师把工作重心适当转移，做到大学教师更像教师而非研究员，大学更像一所学校而非研究所，引导教师真正做到教书育人。

二、将视野拓展至课外，加强教师教育教学研究成果的考察

"教学学术"视野下的教学是一种学术，是一种值得探究的高深的、复杂的活动。高校教师的教学更具有其独特的复杂性、高深性，鉴于此，要做好高校的教学工作，大学教师就必须开展相应的研究，将教育教学研究与学科专业研究予以同样的重视。在普通高校本科教学工作水平评估中，也应加入教师教育教学研究方面的考察指标，以此来引导教师重视对教育教学活动的探究，在实践中真正做到使教学成为一门学术。

三、引入同行评价，定性评价与定量评价相结合，以定性评价为主

对于教学活动，如果纯粹采用量化的指标体系来对其进行评价，肯定是不完全、不全面的。教学具有定性的特征，也具有定量的方面，因此应在普通高校本科教学工作水平评估中引入同行评价这种评估方式，使评估工作能够兼顾到教学自身的特点。

四、加强观念引导，提高教学地位

在普通高校本科教学工作水平评估中，除了通过指标体系对教学

工作进行正常评估,笔者认为还应加强观念上的引导,如通过开评估指导会议,对被评高校及教师进行教学思想教育,转变其教学观念,树立"教学乃学术"的思想,引导其更新学术及教学观念,从思想上将教学提升至与科研同等重要的位置。

教学学术视野下的教学是一种学术活动,是与科学研究、技术应用有着同样重要地位的一种活动,所以应像科学研究一样拥有一套相应的评价机制。

第八章

教向学的重心转换：现代大学
教学的育人功能审思

成人是大学教育的根本目标。然而，现代大学生越来越不是完整的人。他们拥有知识与技能，但心理素质与伦理道德水平低下、社会责任感缺失、独立思考能力匮乏、学习态度消极。有数据显示，"我国 14% 的大学生出现了抑郁症状，17% 的大学生出现焦虑症状，12% 的大学生存在敌对情绪，每年 200 万自杀未遂人口中有 2/3 位于 15 ~ 34 岁年龄段"①，反映出现代大学生的心理素质普遍低下；"课桌文化"、论文抄袭等现象反映出现代大学生的公德意识、诚信意识普遍缺乏；盗窃、打架、持械伤人等事件频发，反映出现代大学生的道德品质不佳；"国内每年约 50 万名大学生退学"②，反映出现代大学生厌学现象严重，学习态度消极。笔者认为这些问题是改革开放以来，在现代化进程中产生的社会问题在教育领域的投射。其问题的根源在于

---

① 刘金花：《儿童发展心理学》，华东师范大学出版社，2014，第 319 页。
② 陈才：《50 大学生退学对高校是鞭策》，《中国青年报》2011 年 10 月 20 日第 002 版。

现代化推进过程中出现的现代化偏差。现代化体现为物的现代化、人的现代化以及人与物的协同发展。其中，人的现代化是根本。我国的现代化从一开始就以物的现代化为导向，是"农业、工业、国防和科学技术"的现代化，人的现代化始终未能得到重视。与社会现代化的整体基调一致，我国大学教学的现代化以服务于"农业、工业、国防和科学技术"以及教育仪器、教学设备等器物为导向，人的现代化在现代大学教学现代化中缺失。现代大学教学是现代化不完全的大学教学，是分离的、科技化的、浮躁的和权力膨胀的，培育的是不完整的大学生。本章以现代大学教学的特点为切入点，系统分析现代大学生各种问题的形成机制，为大学教学改革提供基础和依据。

第一节　分离的教学：理性的人

现代大学教学以二元意识模式为支撑。二元意识模式强调主观与客观的分离与对立。这反映至教育层面则体现为认知与非认知分离，重认知，轻非认知；在认知能力培养的知识教育中，重获知，轻体悟，知识与意义分离。现代大学教学培养的是理性人。

一、认知与非认知分离：重认知，轻非认知

传统教育致力于向学生"灌输"大量的有用知识和技术，以便他们能够在工作和生活中取得成功。"信息输入"与"信息储存"构成

学习的全部。强调灌输，不利于学生能力的培育，学生的学习动机欠缺。在经历了对传统教育的批判后，现代教育摆脱"灌输式"特点，提倡案例教学、探究式教学等启发性教学法，主张学生从课堂争论、团体讨论与展示以及社区服务工作互动中发现知识。与传统教育相比，现代教育更有利于培养学生的主动性、创造性和合作精神。从根本上讲，传统教育与现代教育的不同之处仅在于知识与技能的获得方式，本质却是相通的，均指向知识与技能的获得，均强调认知能力的培养。新人力资本理论和新近的心理学研究均已认识到，人除了认知能力，还有非认知能力。非认知能力包括意志力、延迟满足、自律、自信心、责任心、同情心和利他行为等因素。非认知能力比认知能力更重要，它是人的深层次无意识精神世界的主体，决定认知能力的获得，并通过影响认知能力决定个体未来的发展水平。有研究显示，"有较强自尊心的学生更可能获得学业上的成功"[1]，"获得高等级职业成功与个体的自信心有很大关系"[2]，"非认知能力能在80%的程度上决定收入水平，而认知能力仅为20%"[3]，情绪、动机及人格等非认知因素有助于创造力的养成[4]。另外，非认知能力还能决定一个人能否卓越。在哈佛大学教授戴维·麦克利兰（David McClelland）的胜任模型中，知识与技能属于外显素质，是胜任者的基础要求，自我概念、

---

[1] Marsh, Herbert W., "Influence of internal and external frames of reference on the formation of math and English self-concept," *Journal of Educational Psychology*, 1990, Vol. 82, No1 (1990): 514—532.

[2] Shneidman, Edwin S., "Personality and 'success' among a selected group of lawyers," *Journal of Personality Assessment*, Vol. 48, Issue. 6 (1984): 609—616.

[3] Bowles, Samuel; Gintis, Herbert., "Schooling in capitalist America revisited," *Sociology Education*, 2002, Vol. 75, Issue. 1 (2002): 1—18.

[4] 李晓巍、刘艳、曾荣、王英芊：《非认知因素对个体创造力的影响》，《北京师范大学学报（社会科学版）》2015年第2期。

人格特质、动机等属于内隐素质，是个体行为表现中优异者区别于一般者的关键。其中，自我概念、人格特质、动机等内隐素质为非认知能力。科学心理学的创始人威廉·詹姆士（William James）认为持续专注能力的培养是教育的真正基础，提高注意能力的教育应是卓越的教育①。如果教育仅致力于知识与技能等认知能力的养成，学生的内在深层精神世界仍然囚禁于既存的无意识偏见、模式化的陈规以及专横的判断中。这将不仅会影响学生对知识与技能的学习效果，而且会限制已掌握的知识与技能等认知能力运用的有效程度。比如，焦虑和信心的缺乏会使知识传授变得低效。

二、知识与意义相分离：重获知，轻体悟

现代教育强调通过知识培养学生的认知能力，认为学生只要掌握了知识就掌握了一切。但事实是，集中于知识的现代教育会丢失更重要的东西，因为知识本身并不能带来真正的意义。现代教育所传授的超越现象的本质性、抽象性知识更是如此。西方哲学曾用手指与其指向的月亮来隐喻语词与其所指称内涵之间的关系。基于这一隐喻，可以更加明确知识（语词的组合）与其所表征的经验现实之间的关系。与知识相比，经验现实才是意义的真正所在。现代教育主张让学生从手指（知识）而不是月亮（经验现实）中找寻意义。这好比不允许一个人探索和经历土地，只是坚持让他看地图。事实上，当一个人走出来并且与地形互动的时候，通过他或她的理性知觉、思考和感觉亲密

---

① William James, The Principles of Psychology, 1890/1950, p. 424.

地经验地形，反而能够更好地认识这片领地。现代教育关注对抽象知识的获知，并不鼓励深度和持续地经验。另外，在信息化时代，知识呈几何级数增长。学生将注意力持续地集中于经验之外的抽象与孤立的知识，容易发生过度注意，进而产生疲惫感和厌学情绪。

第二节　科技化的教学：病态的人

随着移动设备及网络环境的逐渐普及，在线学习及移动学习等科技化手段正日益成为大学生新的学习方式。它们虽然能够为学习者提供更为优质的资源和更为广阔的学习空间，但也给学习者带来了"注意力分散"、心理异常和学习效果降低等负面影响。

一、数字媒体导致注意力受损

现代社会，数字媒体正垄断着人类的时间和生活。人类正生长于一个信息饱和的环境，无时无刻不被无所不在的数字媒体包围，不停地受到多元信息的挑战。信息传播的加速和强化正在导致感觉的超负荷，每个人都承受着巨大的"注意压力"。在"注意压力"下，人们的注意力越来越难以集中。另外，数字媒体呈现的信息具有典型的碎片化特征，个体的经验因此变得碎片化和不连续，注意能力被破坏。心理学研究表明，注意力需要以经验的消化与整合为基础。持续的碎片化关注不利于记忆保持，进而阻碍注意发生。然而，注意力参与是各类思维活动开展的前提。注意力对学习活动具有十分重要的作用，直接影响学习效果[1]。如果学习者不能够较长时间地维持较高水平的注意，他便很难开展深度学习[2]。在现代社会，注意力已经成为一种稀缺资源甚至是一种商品，人类已经处于"注意力经济时代"[3]。

二、网络学习导致心理异常

如果一个人长时间使用网络，他的心理或身体会对网络产生依赖，大脑中多巴胺的水平随之上升。多巴胺虽然短时间内能使人高度兴奋，但随后会使人变得更加颓废与消沉[4]。另外，网络世界充斥了许多不良信息，在线学习和移动学习除了需要学生有较高的是非辨别力，还要求其有较强的自制力，即要求大学生能够在没有外部监督时，仍然能够遵从社会的期望行为，能够抑制冲动、延迟满足、抵制诱惑、制订并完成计划[5]。然而，自制力培养在现代大学教育中缺失，我国大学生的自制力水平整体偏低。大学生沉溺网络，不仅会增加其患上心理疾病的风险，而且会对其身心健康产生不良影响。最后，网

---

[1] Lee, Ming-Chi., "Explaining and predicting users' continuance intention toward e-learning: An extension of the expectation-confirmation model," *Computers & Education*, Vol. 54, No. 2 (2010).

[2] 陈意：《基于移动学习的深度学习研究》，《江苏广播电视大学学报》2011 年第 1 期。

[3] 赵鑫硕：《大学生移动学习注意力差异研究》，江苏师范大学硕士学位论文，2017，第 2 页。

[4] 王树茂：《现代科技发展给人的心理带来的负面影响》，《沈阳教育学院学报》2003 年第 9 期。

[5] 沈巧玲：《不同干扰条件对大学生自制力资源的影响》，浙江理工大学硕士学位论文，2011，第 1 页。

络学习方式容易生成不良情绪。媒体系统与接收信号的精神系统的接口结构并不对称，作为接收者的人类的大脑是由肉、脆弱的神经和感觉器官构成，并不是依照数字传播系统的标准设计。发送者与接收者接口的不对称容易导致学习者在面对外界信息时会产生恐慌、消沉、注意力易受干扰而难以集中以及孤独、苦恼、焦虑等内在反应①。

三、科技化学习方式降低学习效果

首先，网络强大的在线搜索功能能够为学生找寻答案提供便捷渠道，有助于提高学习效率，但它会减少学生动脑思考的机会。其次，手机拍照替代记笔记开始成为现代大学生新的学习习惯。拍照虽然便捷、迅速，但记笔记不仅有助于集中注意力，还可督促学生紧随教师的思维思考。因为记笔记的过程本身就是理解与消化的过程。就记笔记而言，手写记笔记要比电脑记笔记效果好。"电脑打字记录更像单纯的复制，而手写笔记则会进行信息筛选和处理，从而更注重总结和理解。"② 有研究还指出，长期用键盘代替笔会导致布洛卡区的功能退化。布洛卡区是大脑中主管语言讯息处理和话语产生的区域，在言语工作记忆中具有非常重要的作用。书写可以刺激布洛卡区，有助于记忆。长期用键盘替代笔，记忆会因布洛卡区功能退化而衰退。

---

① Berardi, F. Precarious Rhapsodies, London：Minor Compositions, 2009.
② 张帅：《美国调查显示手写笔记作用大》，《甘肃教育》2017 年第 1 期。

第三节　浮躁的教学：功利的人

如今，许多大学教师和管理者都将注意力集中于预算削减或者科学研究。成本效益理念主导高等教育的一切领域。提高效益，以最少的成本投入获得最大的产出已成为现代大学的办学主旨。教学被边缘化成为需要勇气的行为，并被狭窄化成为更关注那些与学生就业密切相关的有用内容的功利活动，无用的内容被排斥在大学教学之外。比如，大学生的心理健康教育普遍只是辅导员和少数公选课教师的事情，倾向于用思想政治教育替代伦理道德教育，基于生命关怀的生命教育缺失。事实上，各类专业知识本身内蕴了人的心理与道德伦理关怀。从这个意义上说，大学生的心理和伦理道德教育应是专任教师的分内职责。大学四年是大学生人生观、世界观和价值观成形的关键期，在这一时期，从被保护者转变成为独立生活的成人是大学生需要完成的重要任务。探索并回答"我是谁"以及"生活的目的与意义"等精神与灵性问题是大学生面临的最大挑战，也是他们真正关心和期望从高等教育中获得的。加利福尼亚大学的高等教育研究机构（the Higher Education Research Institute，HERI）对全国 236 所不同类型的学院和大学的 10 万（one hundred thousand）多名大学新生展开调查发现，他们渴望主动参与精神、生活意义及目的的探索，在精神及心灵的兴趣和参与方面表现出非常高的水平，3/4 的被调查生表示他们正在寻找生活的意义或目标，约 1/5 的被调查学生表示寻求帮助他们精神性的成长机会是"关键的"和"非常重要的"。学生带着需求而来，重视作为独特和特殊的个体以及有问题、关怀、思想、希望和梦的完整的人存在。新生对大学和学院将在他们的情绪和精神发展方面扮演的角色有高的期待，认为大学和学院的价值应是促进他们自我理解、帮助他们发展个人价值、鼓励精神表达。然而，"我是谁"以及"生活的目的与意义"等这类关乎成人的终极问题在现代大学教学中却被边缘化。现代大学教学已经无法停下来关注学生的期待，来不及关注学生是否为学习准备好了，更没有时间思考如何与学生相处，似乎只有这样才能实现有效教学。现代大学正在成为"灵魂缺失的大学"。心理学研究显示，大学生是独立性与依赖性并存、稳定性与可塑性并存、冲动型与压抑性并存、闭锁性与开放性并存的两头都不靠的"中间感"强烈的特殊群体。他们的内心时常处于不稳定状态，加之自我认同不能达成、生活的终极意义不清，极易被外界影响。在当今功利主义的大思潮下，大学生更容易变得只关注事物的有用性。在他们心目中，考研、考级重于专业课，专业课重于选修课。现代大学生致力于获得等级、分数、奖励、地位、工作与社会认可，充满贪婪以及竞争的焦虑与压力。学习的目的是应付考试，学生们关心的是"为了考试该学些什么"。现代教育更像是职业培训而非育人，致力于培养人力资源（human resources）而非完整的人；指向于经济，而非文明；讲究成本与效益，强调通过资金投入换来学位与工作。

第四节　自然法缺失的教学：淡漠的人

在现代社会，"人性、欲望成为中心，个体倾向于按照自身的内在性而不是超验原则或传统规范来对外界做出判断和行事"①，权利意义得到凸显。为确保权利明确化并得到有效实现，人类社会又以某种方式设计并安排"法"，实施法治。权利与法治成为现代社会的突出特点，并越来越明显地体现于现代大学。现代大学的教师与学生均是拥有独特利益倾向的权利主体，依靠法治维持与保证权利。法治成为现代大学的基调，权利充斥于现代大学的各种关系中。现代大学的价值与意义日趋淡化，现代大学教学正培养着淡漠的人。固然，大学组织作为社会的一员会受普适社会理念的影响。但是，大学组织的本质性特点却会决定影响的限度与方式。大学因学者对知识的闲逸的好奇心及探究兴趣聚合形成，学术共同体是大学组织的最初形态，也成为其最根本形态。学术共同体的特性成为大学之所以为大学而不同于社会其他组织的本质性特点。学术共同体内在地拥有某种自然秩序，这些秩序构成自然法，内在表现为共同体成员的思维，具体体现为伦理、善与爱。自然法以及遵循自然法运作成为学术共同体的特性，进而成为大学组织的本质性特点。现代社会的权利与法治在向大学组织渗透时必须服从于这一特点（见图8-1），否则大学组织的运行就一定会出现问题。在现代大学中，权利与法治越来越重要，价值、意义与情感甚至大学精神日趋淡薄，大学职能的实现已经受到影响：第一，学生评教、选课导致部分课程教学质量下降。赋予大学生评教权、选课权的初衷在于通过学生制衡教师的授课质量。但是，因为学生对教学特别是高水平教学的识别能力有限，导致这些权利在实际运行中不但没有促进反而制约了教学质量的提升。某些教师为迎合学生放松要求，对学生课上说话、看手机、睡觉等行为听之任之，教学质量不升反降。第二，学生滥用权利导致师生关系恶化。近年

---

① 郑兴凤、程志敏：《梦断现代性》，上海书店出版社，2006，第31页。

来，大学生的维权意识日渐提升，他们动辄用"跳楼""人权"等威胁教师，学生告老师事件日益频发。教师不敢管学生开始成为中国教育在新时代的悲哀，严重影响了高校人才培养。为什么会出现这些问题？笔者认为原因主要体现为以下两个方面：第一，现代大学组织距离学术共同体这一最根本形态越来越远，现代大学组织的本质性特点正在弱化。第二，公平、伦理、善与爱等自然法在现代大学教育中缺失。大学教育重在唤醒学生的权利意识，教给学生如何维权，并没有教学生如何恰当运用权利。自然法缺失导致内在制约匮乏，大学生的权利仅受制于外在的社会法，造就了无根的权利。在维权意识日渐高涨、权利意识不断膨胀的现实背景下，大学生很容易受欲望唆使导致权利运用失当。权利与法治成为现代大学维系人与人关系的唯一手段，大学组织内的人情关系因此淡漠。权利与法治必须以伦理、道德与爱等自然法为基础，应用伦理、道德与爱等高等教育的自然法对权利进行制衡，帮助大学生正确理解和运用权利。

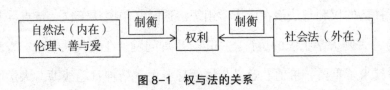

图 8-1　权与法的关系

第五节　反思与建构：现代大学
教学育人功能的回归

重认知轻非认知，重获知轻体悟，过于依赖科技手段，忽视学生内在的精神世界与人格养成，折射出现代大学教学的教育性缺失。知识是教学的载体，教学的功能内蕴于知识并通过知识传授实现。现代大学教学将知识窄化，奉行工具性知识观，将知识的功能囿于致用，缺乏对知识内蕴价值的挖掘，将公共知识作为知识的全部，缺乏对其他类型知识的观照。现代大学教学的知识基础是教育性缺失的教学知识，教学知识的内在教育价值以及价值性知识缺失成为现代大学教学教育性缺失的直接原因。

更进一步讲，高校办学不遵从教育规律是教学知识教育性缺失的原因，并成为现代大学教学教育性缺失的更深层次原因。经济系统、政治系统与文化系统是社会的三大系统，每一系统基于其本质特点衍生支配本系统运行的特定规律。各系统相互支配、相互作用，某一系统规律在支配本系统的同时也会干预其他系统。但系统的本质特点进一步决定其他系统规律对该系统的作用边界。否则，其他系统规律的过度干预会造成该系统不能完全依照其本质规律运行而发生异化。不同政治体制以及同一政治体制的不同历史时期，系统间的作用关系又有所不同。大学职能在横向可分为教学、科研与社会服务三大职能，在纵向又可分类为内核的业务操作层与外围的业务管理层。内核操作层面应完全遵从并受教育规律支配，外围管理层面则可以由市场规律介入参与。然而，内生于经济系统的市场规律如今已日渐普及并应用于归属文化系统的高等教育领域，并已侵入大学职能的内核层面，造成两种后果：一方面，市场规律的外求性使高校实际办学中的教育规律窄化为为经济社会发展服务，人的发展诉求被边缘化；另一方面，市场规律与教育活动特点不相契合导致高等教育职能异化。比如，高等教育领域近年来兴起的"绩效考核"便是因其突出的量化与标准化优点从工商业界引入的评价制度。从本质上说，"绩效考核"并不契合教学与科研的特点。对"绩效考核"的盲目引入造成高校教学唯课时量、科研唯课题经费及论文数量的功利化氛围，在削弱高校教师的教学投入的同时加剧了"学术泡沫"现象。"绩效考核"给高校的科研与教学工作带来了诸多负面影响。同时，受企业生产理念影响，学生除了原有的"受教育者"身份，还增加了"消费者""产品"等新的身份定位，传统意义上以"传道授业解惑者"自居的教师被定位为"教育服务"的提供者。这些市场化的角色定位不仅淡化"尊师重教"的文化传统，而且削弱了高校教师精神教化的使命感，教学逐渐成为获取劳动报酬的职业而非学术志业。高校办学不能遵从教育规律影响至教学知识观，使之呈现重有用知识轻无用知识、重知识致用轻知识价值的特点。错误的教学知识观直接造成现代大学教学育人功能缺失。因此，用教育规律制衡市场规律，让高校遵循教育规律办学成为实现大学教学育人功能回归的根本路径，而秉承教育规律，以新型知识观引领教学要素进行教育性重构，成为大学教学回归育人功能的直接路径。

适应并促进经济与社会发展和适应并促进个体的成长与发展是教育的两条最基本规律。按教育规律办学包含两方面含义：其一，正确处理外求的经济社会发展和内求的个体成长与发展之间的关系；其二，办学实践紧密依照高等教育现象的本质特点。基于教育基本规律的现代大学教学包括教书与育人两方面，通过教书完成知识传授，通过育人促进学生内在心灵及完善人格的构建与提升。教书与育人相融合的"教育性教学"是教学的应然状态。当将教育规律映照于教学知识，便得出新型知识观，即知识的功能不局限于为经济社会发展服务，其本身还内蕴"引导人不断地发展、不断地超越自我的局限性的因素和力量"①。知识的类型不局限于标准的公共知识，基于自我建构的个体知识、基于实践体悟的经验知识因其作为个体身份的决定者更具有价值。

基于教育规律的现代大学教学变革，应以新型知识观为引领，将教学上升至教育性教学，均衡教书与育人的关系，完成教学目的、教学内容、教学形式、教学评价等教学要素的教育性变革。首先，在教学目的方面，我国大部分高校明确受教育者应具备的知识与能力规格，忽视对其完善人格及精神养成的要求，将知识与能力规格定位于满足经济社会发展需求，忽视知识内在的价值功用。应确立以伦理养成为核心的教育目的圈层，将伦理养成作为教育的核心目的，知识与技能的获知为教育的外围目的，达成教育目的中"能"与"善"的平衡。其次，在课程教学方面，我国高校课程体系及教学内容以普适性的公共知识、抽象化的理论知识为主体，个体知识、经验知识被边缘化。课程功能停留于对外在既有知识的传授。当将内生的个体知识、经验知识纳入课程视野后，课程观便转变为强调课程与个体存在及发展的联系以及个体对课程知识经历与体验基础上的自主建构，最终达成个体知识与公共知识的生成及转化。学生在对课程知识的实践体验、自由探索与自主建构中获知对其精神成长、内在人格具有塑造功能的内在启示。学生成为课程资源，教学过程本身就是课程建构的过程。再次，在教学形式方面，计算机等信息化手段虽然可使教学生动形象，提升教学效率，增强教与学的自由度，可将教师从机械授课中解放并获得更多与学生互动的时间与空间，为普及化教育阶段实施个性化教育提供可能。但已有研究证实，计算机、多媒体、互联网、超

① 靖国平：《论教育的知识性格和智慧性格》，《教育理论与实践》2003 年第 19 期。

媒体等技术手段对教学与学习效果的影响并没有显著差异①。信息技术对教学的影响只能停留于辅助功能，大学教学仍应以充满师生即时互动的传统教学为主体。最后，在教学评价方面，现行高校教学评价主要采用标准化测评工具考核学生对公共知识的学习及掌握情况，公共知识中的伦理成分、个体知识与经验知识在教学评价中缺位。标准化评价导致个体精神世界与人格成长需求被压抑。教学对教育功能的回归诉求呼吁教学评价变一元的标准化评价为多元的个性化评价，在考核学生对公共知识获知水平的基础上，倾听其对公共知识的意义阐释，增加个体知识与经验知识评价，并选择与之相匹配的评价方式，从评价结果中深度挖掘个体成长的伦理及个性信息，助力教学育人功能的回归。

---

① 杨浩、郑旭东、朱莎：《技术扩散视角下信息技术与学校教育融合的若干思考》，《中国电化教育》2015 年第 4 期。

第九章

基于信号发送理论的大学生
学习投入度提升探索

随着"双一流"战略的不断推进，教学质量问题再次凸显。学术界已有研究证实，大学生的学习投入度是教学质量的主要决定因素。本研究以信号发送理论为视角分析影响大学生学习投入度的各种因素及其作用机制，并在此基础上构建大学生学习投入度的提升路径，为教学质量的改进提供理论基础。

第一节　教学质量的根基：学习投入度

为提升教学质量，政府和高校均付出了诸多努力。首先，以评估促教学质量提升。自 1990 年以来，教育部共组织实施合格评估、优秀评估、随机评估、水平评估以及"五位一体"评估 5 次较大规模的本科教学工作水平评估①。我国高校均已建立本科教学工作的常态性评估机制。以评促建，以评促改，形成了常态的内外部质量保障机制。其次，以研究促教学质量提升。各高校陆续出台政策、划拨经费鼓励支持一线教师开展教学研究立项。自 2002 年起，相关研究成果日渐增多。再次，创建组织平台，以教师专业发展促教学质量提升。教育部于 2012 年起启动了国家级高校教师教学发展示范中心建设工作。我国已建立 30 个国家级高校教师教学发展示范中心。最后，以激励促教学质量提升。各高校相继组织开展"教学质量奖""教学成果奖"等评奖评优活动，激励教师改进教学技能，提升教学质量。近年来，教学投入越来越大，教学研究成果越来越丰富，教改形式越来越多，教师的压力也越来越大，但大学教学质量并未得到明显改进。无论是学生满意度还是用人单位对毕业生的满意度都不高。"只有 16% 的企业对所招聘毕业生非常满意，24% 的企业表示满意，48% 的企业认为一般。"② 问题就在于既有的大学教学质量提升行动是在以教为主的教学发展范式下展开的，旨在通过教的改进促进教学质量提升，未认识到学生才是教学质量的决定者。

教学是教与学组成的完整范畴。教是外因，学是内因。学生是教学的主要方面，也是教学质量的主要决定者。因为"知识无法通过教学过程直接灌输给学习者，他们必须主动参与整个学习过程，根据自己先前的经验，与他人协商、会话、沟通，在交互质疑的过程中，建构知识的意义"③。教学质量最终体现为学习质量。学生的学

---

① 吴岩：《高等教育公共治理与"五位一体"评估制度创新》，《中国高教研究》2014 年第 12 期。

② 王名鑫：《高校顾客满意度测评体系研究——以用人单位为顾客》，《东方企业文化》2015 年第 4 期。

③ 高文、徐斌艳、吴刚：《建构主义教育研究》，教育科学出版社，2008 年，第 26 页。

习投入度是学习质量的主要决定因素，学习投入度与学术表现呈高度正相关[1]。学生将时间与精力越多地投入学习活动，他们的知识、能力和素质就会获得越好的发展。忽视学习投入度，单纯着眼于教师的教的教学改革是不可能成功的。另外，伴随高等教育办学资金来源日渐多元化，高等教育各利益相关者对教学过程的关注愈加密切，需要高校为其提供学生学习而非仅仅教师教学、学习过程而非仅仅学习结果的信息。显然，以教为主的教学发展范式已经无法满足这一需求，教学发展范式迫切需要转向以学为主，关注学生的学习过程、学习需求、学习体验及其在学习活动中投入的心理和体力情况，即学习投入度[2]。通过关注学习投入度，将高等教育质量提升具体落实到学生个体的学业成就及学习发展（见图9-1）。事实上，我国大学生的学习投入度并不高。有数据显示，大学生群体中"有95%的学生在课上玩手机"，"78%的学生在课上用手机的目的并非出于学习，而是用于娱乐"[3]。

课堂中专注听课的时间段"保持在1~5分钟的学生占22%，能保持在20分钟左右与30分钟左右的学生所占比例相近，分别为31.7%和32.9%"[4]。"一半以上学生的学习投入度水平偏低，学生总体对于

---

① Salanova, Marisa; Llorens, Susana; Cifre, Eva; Martinez, Isabel. M.; & Schaufeli, Wilmar B., "Perceived collective efficacy, subjective well‑being, and task performance among electronic work group: An experimental study," *Small Group Research*, 2003, Vol. 34, Issue. 1（2003）: 43—73.

② Astin, Alexander W., "Student Involvement: A Developmental Theory for Higher Education," *Journal of College Student Development*, 1999, Vol. 40, No. 5（1999）: 297—308.

③ 钟丹丹：《手机新媒体对大学生课堂表现的影响分析——以北京几所大学本科生手机使用情况为例》，《经营管理者》2016年第5期。

④ 张静文、李治伟、吴玉雪等：《石河子大学本科课堂异类现状及满意度调查》，《石河子科技》2015年第3期。

学习的重视程度和努力程度不够。"[①] 如何提升学生的学习投入度成为当前教学质量提升亟待解决的重要问题。

图 9-1　大学教学质量的影响因素

第二节　信号发送理论视角下的学习投入度：问题和归因

学术界已有研究发现，学习投入度与性别、生源地、专业、培养层次、宿舍气氛、兄弟姐妹数量、教学管理制度等因素相关。这些因素可归类为个体因素、组织因素与环境因素[②]。

其中，个体因素是根本。更进一步讲，学生能否获得与其所投入教育成本相当的预期收益直接决定学习投入度。文凭作为学习投入的结果，即学习质量的信号表征，为学生获取预期收益提供砝码，成为决定受教育者在付出学习投入后能否获得相应收益的中介。从这个意义上说，学习投入度与预期收益之间的作用过程实质是文凭信号的形成和发送。信号发送理论成为分析与解决我国大学生学习投入度低下

---

① 侣建锋、王晓颖：《大学生学习投入度现状研究》，《科技展望》2016 年第 19 期。
② 霍治平、武明凯、陈旭：《影响我校大学生学习投入度的因素及对策研究》，《企业导报》2013 年第 23 期。

问题的适切视角。

信号发送理论由美国经济学家迈克尔·斯宾塞（Michael Spence）基于对资本主义市场的长期观察于 20 世纪 70 年代提出。该理论认为，在劳动力市场中，雇主对雇员的能力信息掌握并不完全，文凭作为信号可以减少这种不完全，因为高低能力者获得文凭所耗费的成本有所差别。高能者为获得文凭所耗费的成本往往较低，低能者为获得文凭所耗费的成本往往较高。受教育成本与能力呈负相关成为区分高能者与低能者的重要条件。受教育成本的差距越大，文凭的信号作用越敏锐，越能够有效区分高低能力者，受教育者凭借文凭信号获得预期收益的可能性就越高。如果这一鉴定结果与市场的经验判断一致，那么劳动力市场将呈现循环的均衡与稳定。

受教育者与雇主均以文凭信号为轴心做出行为决策。对于受教育者来说，决定的是其进一步的学习投入。文凭信号的灵敏程度即文凭信号能否有效区分高低能力者，决定了学生的学习投入度决策。受教育成本差距是文凭信号灵敏度的决定因素。由此推知，受教育者为获得文凭信号所耗费的成本差距通过决定文凭信号的灵敏度最终决定大学生的学习投入度。获得信号的成本反差越明显，文凭信号越灵敏，就越能够把高低能力者区分开来，学生就越有可能凭借这一信号体现个人能力价值。这一预期进一步影响学生的学习投入度决策。

如图 9-2 所示，当用信号发送理论审视学习过程时，可以发现大学教育过程中影响学生学习投入度的诸多隐性因素。

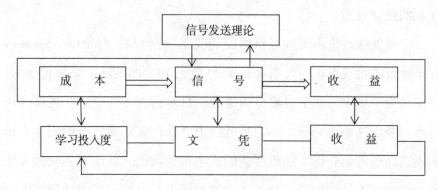

图 9-2　信号发送理论视角下的学习投入度影响因素

一、文凭信号同质化严重，不能指称人才培养质量

与我国高校的趋同问题一样，高校文凭也存在同质化现象，降低了文凭信号的鉴别力。文凭之所以能成为消解市场信息不对称的信号，是因为其能指称毕业生的能力，即高校人才培养质量。然而，我国高校文凭信号并不能指称人才培养质量，不能有效将高低能力者鉴别开来。当描述某位毕业生的文凭时，往往称其为"985"或"211"工程院校毕业，其专业是××××，该专业在全国排名××位次。这些信号所呈现的信息并非由人才培养质量决定，而由高校教师的科研实力和高校的行政级别决定；反映的不是学生因读书而增值的能力，而是受教育者接受高等教育之前的应付高考的能力差别。教师的科研能力、学校获取资源的能力以及高考成绩替代文凭充当了教育信号，这导致文凭的信号功能缺失，无形中降低了高校文凭信号的辨识度及其应有的信号功能，加大了学生对口就业甚至正常就业的难度，引发"读书无用论"讨论，影响整个大学生群体的学习投入度。

二、文凭信号的灵敏度降低，不能有效鉴别学生的能力水平

　　教育者在教育过程中所耗费的成本差距不够大，降低了文凭信号的灵敏度，导致大学生的学习投入度降低。无论是精英教育阶段还是大众教育阶段，我国的高等教育都实施的是宽出模式。在宽出模式下，学生获得文凭信号的成本减少，生均成本差异也变小，导致文凭信号灵敏度降低，不能有效鉴别高低能力者，学生几乎不用耗费太多成本就可以轻松毕业。据统计，我国大学生毕业率连年维持在99%左右。比如，2013年毕业率为99.88%，2014年毕业率为99.64%[①]。普遍实施的"宽进宽出"模式通过降低大学生获得文凭信号的成本差距，降低了文凭信号的灵敏度，间接导致大学生的学习投入度低下。当文凭不能有效区分高低能力者时，寻求收益的动机则会驱动学生转而寻求其他信号。比如考证，或者接受更高层次的教育。如此会造成三种后果：其一，受教育者因专注考证而降低对本专业的学习投入度；其二，受教育者因专注获取高层次教育机会，忙于应试而降低本专业某领域的学习投入度；其三，由于受教育者对更高层次教育的选择仅仅是为了获取谋求收益的信号，较少考虑自身的兴趣与学习特点，导致其就读后因不适应高层次教育而降低对高层次学习的投入度。

---

① 中华人民共和国教育部发展规划司编：《中国教育统计年鉴》，人民教育出版社，2013。

三、高等教育市场机制不健全，文凭信号作用受到制约

我国有诸多因素干扰文凭信号的形成及运行过程，影响了市场均衡的实现，给受教育者做出学习决策造成不良影响。首先，市场主体的法人地位缺失。与西方不同，我国市场从一开始产生便具有明显的计划性，是计划引导下形成的后发型市场。教师、家庭、用人单位等需求方的利益诉求被忽视，市场主体的权、责、利不对等，法人地位缺失，限制了其在市场中的行为主动权。其次，高等教育市场信息不对称现象严重。这突出体现为消费者与办学者的高等教育质量信息不对称、高校内部不同主体的高等教育办学信息不对称、政府与高校的高等教育办学信息不对称、劳动力市场与高校的社会供给信息不对称。再次，政府与市场双失灵。我国高等教育市场正处于旧有体制尚未打破、新规则尚未完全确立的真空阶段。政府常因角色与权限不明对高校办学无效干预或过度干预，而市场规则缺失则进一步导致高校无序竞争，影响了高校办学的公共效益及高等教育整体的创新发展。最后，第三方中介组织和民办教育机构等社会力量因传统偏见力量薄弱，发展依附于政府，参与办学积极性不高。信号发送理论在我国缺少运作条件，导致文凭信号不能在大学生学习投入度与预期收益间有效发生作用，进而影响大学生的学习投入度。

第三节　完善信号发送机制：
大学生学习投入度的提升策略

基于前文分析，笔者认为若要提升我国大学生的学习投入度，应从文凭信号着手，完善信号发送机制。

一、改革高校分类标准，强化分类办学

文凭信号的价值除了能够标识个体能力差异，还在于能够影响个体获取信号的动力。信号越容易辨识，越能够帮助谋求信号者获取相关利益，人们获取信号的动力就越强。我国高等教育市场机制不甚完善、行政强权主导、高校分类尚不清晰，文凭本身的信号辨识力被行政强权干扰，倾向于以行政级别代替人才培养等充当教育信号。当信号的辨析力变低，其为受教育者谋求相关利益的可能性也随之降低，并因此降低学习投入度。因此，明确界定文凭信号，厘清其内涵势在必行。首先，改革高校分类标准，让文凭信号指称人才培养质量。在我国已有高校分类标准中，人才培养类型及质量标准缺位，常见的大学分类标准包括：依据行政隶属将高校分为部属高校、省属高校；依据办学层次将高校分为普通本科院校和高职高专院校；依据学科门类将高校分为综合性大学、多科性大学和单科性大学。仅有的依据人才培养信息的分类是依据学位授权点的数量或者所培养的人才层次，将

高校分为教学型大学、研究型大学、教学研究型大学和研究教学型大学。我国缺少真正以人才培养质量作为维度的大学分类标准,确立以人才培养质量为依据的高校分类标准势在必行。其次,强化分类办学,扩大高校间的文凭差异。高校分类标准的明晰程度直接决定高校文凭信号的灵敏度,政府应引导高校由"等级办学"向"分类办学"转变,进一步扩大我国高校间文凭的差异,增加文凭信号的鉴别力。

二、为大学生增负,实施"宽进严出"教育模式

为扩大学生获得文凭信号所需的成本差距,进一步明晰文凭信号的鉴别力,倒逼学生投入大学学习,高校"对大学生要合理'增负',提升大学生的学业挑战度"(教育部部长陈宝生,2018),构建"宽进严出"教育模式,加强过程管理与出口控制,严格升级率和毕业率。通过实施"宽进",为中小学生松绑,保证素质教育有效实施,为个体全面发展打牢基础;通过实施"严出",为大学生增负,确保为经济社会发展输送高质量人才。发展心理学研究表明,18岁以前,个体正处于大脑结构与功能、身高、骨骼以及思维方式等方面的动态成长周期,到18~22岁,大学生群体的生理发育逐渐趋于成熟,个体的体力、精力和耐力均已达到巅峰状态[①]。这为"宽进严出"教育模式提供了个体身心发展的规律支持。通过实施"严出"政策,一方面可提高学生获取文凭信号的成本值,增加获得信号的难度,增强文凭信号对能力优差学生的鉴别力;另一方面,可增加文凭信号中的人才培养

① 刘爱书、庞爱莲:《发展心理学》,清华大学出版社,2013。

质量含量。被"严出"制度淘汰的大学生可根据所修学分选择相应专科层次院校就读。这需要以高等教育系统内部完善的学分制度予以保障。

三、完善高等教育市场机制，健全文凭信号作用环境

成熟完善的市场机制既是信号发送理论有效发生作用的环境保障，也是高校科学分类的重要前提。建立健全我国高等教育市场机制应注意以下几点：首先，发挥政府主导作用，推进法治化进程，健全高等教育市场规则体系。明确政府与社会、高校权责边界，对市场的无序竞争、不公平竞争现象做出规制，为高等教育创新发展营造规范的制度、政策及法治环境。其次，构建高等教育信息披露制度，定期向社会公开高校的资源利用、学科及专业收益率等信息，保证信息公开透明。再次，转变政府职能，明确市场主体的独立法人地位。变政府对高校办学的直接干预为宏观调控、监督与服务，推进管办评分离，扩大高校办学自主权，让高校成为权责利统一的独立办学实体，自主办学，自主竞争。最后，转变传统观念，完善管理制度，搭建社会力量参与办学的平台，构建高等教育质量的社会监测长效机制，充分发挥社会力量在政府与市场间的制衡作用。

第四节　信号发送理论与教学
实践变革：规避的问题

以信号发送理论引领高校教学实践变革，为提升我国大学生学习投入度提供理论参照，需要规避以下几个问题。

一、不能过于夸大教育的信号功能，忽视教育对个体能力的改进功用

不能将教育功能局限于信号，贬损教育对个体能力的提升功用，认为个体接受教育是为了获取信号，增强就业竞争力。入学机会等同于信号，入学通知及入学前的诸多因素代替文凭及高等教育人才培养过程发挥信号功能，文凭信号作用点前置，架空高等教育过程，导致教师与学生在教学实践中只重视信号本身，忽视信号的教学过程支撑，信号因缺少内容成为无意义的空壳，这容易产生"高校文凭信号并非高等教育本身所给予"的错误观念，认为接受教育仅仅为了获得作为信号的文凭，教与学成为完全的不自觉行为，导致学生的学习投入度得不到保证。另外，将教育的功能局限于信号，压缩了教育的意义，学生的学习投入度势必因此受到影响。这一问题在我国"宽进宽出"教育模式下一度被强化。学生一入学便获得了未来求职的信号，故不必再加努力，"只要坚持完高中三年，进了大学就不用再努力了"

的观念普遍存在。

二、勿将成本与能力间的关系简单化，无视成本与能力变化的复杂关系

不能简单地认为，能力高的个体改变自身受教育状况的信号成本较低，成本与能力呈负相关是区分高能者与低能者的条件。这一判断只看到了能力对成本的影响，没有看到成本对能力的反作用，更没有分析不同类型成本与能力之间的复杂关系。任何一种活动所依附的成本类型都是多样化的，成本与能力呈负相关的判断仅适用于货币成本，即花费较少的学费读完大学，但对于努力成本则不一定成立。努力成本与能力增值呈正相关，努力成本的增值有助于个体能力增长，对学习任务的投入越多，能力增长的幅度就越大。当不考虑成本差异，把这一判断盲目运用时，会导致高能力学生的学习投入度下降。能力不仅包括先天的能力，还包括后天通过接受教育、投入努力而增值的那部分能力，拉大成本差异作为鉴别人才能力高低的手段是可取的，但低成本意味着能力高、高成本意味着能力低是不可取的，其实质是在变相引导能力强的人不专注学习，使提高学习投入度成为死循环。在运用该理论时，应当明确努力成本对于高等教育过程的重要性，以及努力成本与能力成长之间的正相关关系。

☞第十章
基于学习效能提升的教学理念变革：沉思性教育

　　长期以来，中国高等教育过于关注如何适应并促进经济社会发展，没有充分重视学生的教育与发展。高校育人过程中重视理性培养，轻视非理性培养；重视认知能力培养，忽视非认知能力与元认知能力培养；重视外部灌输，轻视对个体固有潜在能量的内部挖掘；重视知识的被动获得，忽视对悟性的培育。这些问题不仅中国存在，美国也曾经存在。基于对这些问题的持续反思，沉思性教育（contemplative pedagogy）思潮在美国学术界悄然兴起。沉思性教育旨在为其实践者提供大量有关注意力、情绪平衡、同情、利他行为发展的教育方法与教学技术，用以支持学生的创造力开发和课程内容学习。沉思性教育实践促进美国高等教育育人功能的本真回归，掀起美国高等教育领域的一场精神革命，并日益影响世界许多国家。本文拟在介绍沉思性教育的内涵与缘起的基础上，挖掘其内在教育价值，以期对中国高等教育办学实践带来启示，为中国高等教育育人功能的本真回归提供助力。

第一节　沉思性教育的内涵

沉思性教育是高等教育学界的新生事物，它的实践与推广并非一帆风顺。直到 2000 年，除了科罗拉多州博尔德的那洛巴大学（Naropa Univeristy）以及路易斯维尔的整合学院（The Integral Institute）等个别高等教育机构，沉思性教育始终徘徊在高等教育门外。主要原因在于沉思性教育作为新鲜事物，并不为人们所了解；同时，作为宗教实践影响的产物，有些人尤其有宗教禁忌的人对其有所避讳。为推进沉思性教育实践、推广沉思性教育思想，澄清沉思性教育的内涵就变得非常有必要。

一、沉思性教育的概念辨析

宗教这一特殊的起源往往使人们将沉思性教育与某种特定宗教信仰相关联，认为沉思性教育是一种宗教实践。这直接限制沉思性教育的运用与推广。实际上，沉思性教育虽然源于宗教，但是不囿于宗教。沉思性教育并不以某种信仰或者其他类似于信仰的东西作为支撑，不教唆或者要求学生信仰宗教，甚至不强迫、不诱导学生接受任何独特地看待世界的观点。事实上，从事沉思性教育实践的教师普遍认为有宗教信仰的教师往往无法将精力集中于教学。

沉思性教育是高等教育的应有之义。首先，高等教育与宗教具有与生俱来的密切关联。现代高等教育不仅源于宗教,其发展也深受宗教影响。历史上具有更多基督教(新教)教会的地区,今天也通常具有更高的教育水平以及更多的正式教育。比如,作为美国高等教育开端的哈佛大学(Harvard University)就是为宗教建立的。其次,沉思性实践是高等教育的理想与追求。实际上,早在1000多年以前,沉思性实践就已被应用到教育情境。这时的教育情境通常指东方和西方的庙宇环境以及土著文化①。哈特(Tobin Hart)认为沉思性理论至少产生于12世纪和13世纪。后来,在强调逻辑与自然科学的西方历史中,在工业革命和现代西方对效率、速度和生产力的追逐中,伴随信息的日益增长和一系列现代变革与科学革命,沉思性教育逐渐被推向边缘②。

　　沉思性教育是对博雅教育的高层次复归。第一,沉思性教育与博雅教育的本质相通。沉思性教育旨在帮助学生认识包括"我是谁""我的精神状态"以及"生活的意义"等问题,鼓励学生反思其与学习及周围世界的关系。在沉思性教育中,学生获得的不仅是知识和技能,更是作为人的本质,这正是自由教育的历史性目的。第二,沉思性教育有助于博雅教育中学习目标的达成。美国学院与大学协会(The Association of American Colleges and Universities)于2007年出版的《新全球化世纪的大学学习》强调,博雅教育致力于养成的"通识的人"应具备以下内在素养:内在生命、自我发现、价值观、道德激励、精神探寻和慰藉;遇见美、洞见以及表达力的深层次满足;内在

---

① Bai, Heesoon; Scott, Charles; Donald, Beatrice., "Contemplative Pedagogy and Revitalization of Teacher Education," *Alberta Journal of Educational Research*, Vol. 55, No. 3 (2009): 326.

② Hart, Tobin., "Opening the Contemplative Mind in the Classroom," *Journal of Transformative Education*, Vol. 2, Issue. 1 (2004): 2.

的刚毅、自我了解，以及个人的重生；共鸣、关心甚至同情观点和处境。沉思性教育正是以这些内在品质的培养为目标，并因此成为早期自由教育的基础。对于自由教育而言，宗教阅读、默记、凝视、争论等有助于内省以及内在转变的方法是中心①。从这一意义上说，沉思性教育是一种价值为本的教育，是对西方博雅教育（自由主义教育）的高层次复归。

沉思性教育可以从狭义和广义两个层面解读。从狭义层面看，沉思性教育强调专注与意识的培养，是训练注意力的教育技术。从广义层面看，沉思性教育通过沉默、向内审思、深度沉思、注视，强调开启内在的未经考察的能力、扩展的意识、对自己以及其他人的无条件的同情、对美的欣赏以及创造性的满足，是与向外探求的现代性取向相反的向内探求的哲学理念。

二、沉思性教育的构成要素

被应用于高校课堂最广泛的沉思性实践包括正念（mindfulness）、开放监控（open monitoring）和持续冲突（sustaining contradictions）。它们是构成沉思性教育的基本要素。

第一，正念。正念以亚洲的沉思传统为基础，源于佛教的四念处禅修。卡巴金（Jon Kabat-Zinn）将正念界定为通过有目的地注意当下

---

① Association of American Colleges and Universities, *College Learning for the New Global Century*, Washington, D. C.：AACU, 2007, p. 22.

体验并以不加评判的方式产生的一种觉知力①。正念由即时即刻（mo-ment-to-moment）和非判断觉知（nonjudgmental awareness）构成，旨在培养集中注意和专注的能力。在正念中，经验的每个要素均可以作为目标。比如，一个音调、一个词、一个图像等。正念包括注意、专注和心一境性（one-pointedness）三个层次。"注意"是第一个层次，以烛光凝视为例，"注意"要求个体将视觉集中于火焰中心，无论何时走神，要求个体重新集中注意。当个体专注于经验对象的各个属性时，便进入正念的第二个层次"专注"。以曲别针为例，"专注"要求个体将观察和思考的全部力量均指向于曲别针，仔细检查它的形状、颜色、材料构成、硬度、质地、功能及制造方法。如果专注过程中被其他想法或情绪分心，个体则应放开分心的想法或情绪，迅速重新集中注意力。重复矫正走神的实践可以训练集中注意的能力，加强专注。正念的最高境界是"心一境性"。"心一境性"与"专注"的区别很微妙。以锯木头为例，"专注"要求个体集中注意于锯齿接触到木头的点的所有细节。比如，正在切木头的每个锯齿的声音、震动和气味。"心一境性"则将注意的目标规模控制到一个锯齿这一更为狭窄的范围。从这一意义上说，"心一境性"就像相机的变焦透镜，将注意的范围保持在一点上，检视那个点所经历的一切，通过这种方式强化个体的专注能力。

第二，开放监控。在注意力训练中，正念代表一极，开放监控则是另一极。正如卢兹（Antoine Lutz）等学者所认为的，冥想分为两类：一类是注意聚焦冥想（focused attention meditation，FA），另一类

① Kabat-Zinn, J., "Mindfulness-Based Intervention in Context: Past, Present, and Future," *Clinical Psychology: Science and Practice*, Vol. 10, No2 (2003): 145.

是开放监控冥想（open monitoring meditation, OM）。其中，注意聚焦冥想即正念。开放监控冥想则指"个体对感知范围内的一切身心现象都保持开放的觉知，注意力并不固定在某一特定目标上，而是对当下发生的一切经验都给予清醒的观照"[1]，涉及对时时刻刻经验内容的无反应的监测。以铃声练习（the 4-part bell sound practice）为例，对注意聚焦与开放监控的典型运动予以呈现：首先，铃响，学生注意铃声（focused attention, FA）；其次，在记忆中，铃声再次响起，学生在记忆中集中注意力于铃声；再次，释放或"放开"（letting go），学生摒弃铃声以及记忆中任何有关铃声的东西，进入开放的没有指引的觉知；最后，接受或者"抓住"（letting come），学生保持接收状态但没有任何期待，允许思考、感觉、图像等在他们觉知的开放空间中生成。

第三，持续冲突。"持续冲突"强调对立立场引发的冲突，但它的目的不在于解决冲突，而是维持甚至强化冲突，使两种相反的立场能同时变得真实，并在真实的冲突中获得"对立中的一致（the coincidence of opposites）"[2]。比如，在课堂情境中，可指导学生做"点—圆"（point-circle）训练。首先，让学生想象一个蓝色的圆，让它逼真地出现在意识中。其次，逐渐减少蓝色圆的尺寸直到它变成一个点。再次，扩张这个点直到它变成最初尺寸的圆。一直重复这个过程，直到由圆变点以及由点变圆的过程变得顺畅。接下来，将蓝色的圆换成相反颜色（黄色）。重复减少和增加黄色圆尺寸的过程，直到它像蓝色圆那样，在点圆之间的转换变得顺畅。最后，将两种要素放在一起，

① Lutz, A., Slagter, H. A., Dunne, J. D. et al., "Attention Regulation and Monitoring in Meditation," *Trends in Cognitive Science*, Vol. 12, No. 4 (2008): 163.
② Nicholas of Cusa., *The Vision of God*. Salter, E. G. trans. New York: Cosimo, 2007, p. 53.

同时扩展和缩小相反颜色的点与圆。想象一个黄色的点在一个蓝色圆的中心。扩展黄色的点到一个黄色的圆，同时减小蓝色圆的尺寸直到它变成一个蓝色的点。在它们经过彼此的时候要特别注意观察。重复这项练习，然后用语言描述这个练习。经由"持续冲突"，最终达成"对立中的一致"。

正念、开放监控及持续冲突是沉思性教育的基本元素。以它们为基础，沉思性教育进一步演化形成深度聆听、圣言诵读、沉思性写作、爱善意、冥想散步、静坐、同情实践、瑜伽、书法、反复唱诵、自然观察、自我探索等多种形式。它们被人们以不同的方式整合进课程教学，形成不同的沉思性教育风格。

三、沉思性教育的发生机制

研究人员发现，规律性冥想能够增强个体筛除分散注意力的事物的能力。当被突然的叫喊声分散注意时，处于专注呼吸状态的禅宗老手可以比普通人更迅速地恢复到原初的放松状态[①]。这种筛除分散注意力事物的能力源于深度注意。美国著名的媒介文化研究专家海尔斯（Katherine Hayles）将注意区分为过度注意与深度注意。她认为，过度注意倾向于关注多重信息，注意力在多个信息流间迅速不停跳转，追求高强度刺激水平，对单调沉闷内容的忍耐性较低，适用于信息密集的环境，是一种容易导致疲倦的认知模式。比如，不断地查看邮件、

---

① Pagnoni, G., Cekic, M., & Guo, Y., "'Thinking about Not Thinking': Neural Correlates of Conceptual Processing during Zen Meditation," *PLoS ONE*, Vol. 3, No. 9 (2008): 3.

社交媒体、点击网络、玩计算机游戏等。深度注意倾向于长时间将注意力集中于单一目标，忽略外部刺激，在维持注意方面表现出高度耐力，是一种不容易疲倦的认知模式①。做如此区分并非意味着一种注意比另一种好，两种注意各有长处和适用的环境，两者相比，过度注意容易引发学生的厌学情绪，而深度注意更适用于高等教育环境。因为当个体专注于某一特定研究目标或者领域时，反而更容易对之产生共鸣与理解。神经可塑性的事实为这一观点提供了理论基础②。然而，随着网络化媒介的普及与运用，过度注意在现代教育中越来越常见。学生上课时被大量信息包围，活动量大，不停地快速反应，注意力越来越容易分散，容易打瞌睡并产生主观意识错乱与疲惫的感觉，对学习的兴趣下降。沉思性教育旨在通过重复投入、加深经验，以促进学生的深度注意发生，这有助于排除干扰，帮助其理解学习内容，培养其领悟洞察能力。通过启动深度注意促进学习是沉思性教育的作用机制。

第二节　沉思性教育的缘起

沉思性实践的世俗化、大学生群体的精神诉求、系列研究与项目的推进共同促成沉思性教育的产生。其中，沉思性实践的世俗化是沉

---

① 海尔斯、杨建国：《过度注意力与深度注意力：认知模式的代沟》，《文化研究》2014 年第 2 期。

② Sharon, B., *Train Your Mind*, *Change Your Brain*: *How a New Science Reveals Our Extraordinary Potential to Transform Ourselves*, New York: Ballantine, 2007, p. 261.

思性教育产生的条件，系列研究与项目的推进是沉思性教育产生的助力。

一、条件：沉思性实践的世俗化

沉思性教育是沉思性实践这一宗教传统在教育领域应用的产物。其背景是 20 世纪以来的宗教世俗化以及神经系统科学的研究支持。

随着科学技术及多元文化的发展、人类物质生活条件的改善以及思维方式的进步，宗教逐步脱离特定的场域、制度以及象征，从神坛走向世俗。作为宗教传统的沉思性实践被越来越广泛地应用。人们的生活开始处处充满"宗教行为"。瑜伽、冥想等沉思性实践越来越多地出现在人们的生活中。《2008 瑜伽在美国》报告指出，2008 年，美国人在瑜伽方面共花费 57 亿美元，比 2004 年增长 87%[①]。花费普遍分布于报班以及购买设备、服装、影碟机、录像机、相关书籍等方面。

同时，沉思性实践的好处开始被越来越多的神经系统科学研究证实。诸多临床研究报告指出，冥想可以改善大脑和免疫系统的功能，有助于提升身体、心灵和思维能力。第一，冥想可以增加左脑大脑皮层的活动（积极情绪、幸福感存在于左脑），减少右脑大脑皮层的活动（消极情绪、焦虑存在于右脑）；减少高振幅伽马波同步性，创造更广泛的意识、机智和领悟力；改善学习、注意力和思维创造力，减少测验焦虑。第二，冥想可以生成内啡肽，增加积极感觉状态，减少

---

① Macy, D., 2008 " 'Yoga in America' Market Study", *Yoga Journal*, 2008, No. 3 (2008): 93.

负面感受状态和压力荷尔蒙；减少进攻和敌对；缓解忧伤和焦虑；帮助治疗饮食混乱；帮助治疗强迫性神经失调。第三，冥想有助于从药物滥用中恢复；有助于从癌症中恢复；有助于治疗慢性疾病；有助于治疗牛皮癣；有助于缓解心脏问题，提高机体的健康水平。第四，冥想可以减少旷工；更大程度地促进合作；效率越来越高地集中注意力于任务；增加工作满意感；提高工作表现。现代科学研究及技术创新，特别是神经系统科学领域的功能性磁共振成像扫描为此提供了神经可塑性依据。

随着社会生活节奏的加速，现代人面临的挑战越来越严峻，所承受的压力与心身症状日益增多，这进一步推进了沉思性实践的世俗化。在过去半个世纪里，关于健康提升、压力减轻的医学研究以及其他与精神、身体有关的学科一直在发展，并因此带来了医学、农业、教育、财政制度以及环境政策等各方面的改变。现代人的生活正在经历一场"精神革命"，为沉思性教育的产生创造了条件。

二、助力：系列研究与项目的推进

沉思性教育始于20世纪60年代末期。其中，伦纳德（George B. Leonard）教授的著作《教育和狂喜》（1968年出版）被认为是沉思性教育产生的标志性事件。他在书中指出，如今的学校教育已经不能够满足现代高科技社会发展的需求，未来的教育应该致力于精神和感觉的扩展，强调意识和控制，应当成为乌托邦的、自愿的、让人愉悦的终身体验。在这种教育中，学生们将愉快地学习如何学习、如何唤醒创造性，学会探索人与人之间关系的无限可能性①。他的这一认识激起了教育学界对现代教育的反思以及对沉思性实践的广泛兴趣。越来越多的高等教育出版物开始关注大学校园和课堂冥想实践研究。比如，《高等教育编年史》（*The Chronicle of Higher Education*）、《教师的高校档案》（*The Teacher's College Record*）、《纽约时报》（*The New York Times*）、《洛杉矶时报》（*The Los Angeles Times*）以及国家高等教育在线杂志《高等教育内情》（*Inside Higher Ed. Com*）等多个期刊为沉思性教育思想的交流提供平台。大量关于沉思性教育和校园冥想实践的书籍和期刊文章得以出版。学者们围绕沉思性实践的教育价值、沉思性项目的开展情况等方面问题展开研究。

为支持沉思性教育的研究与实践，相关学会、社团先后成立，相关研究项目陆续展开。其中，最具有影响力的是社会沉思性精神中心（The Center for Contemplative Mind in Society）对沉思性教育的推进工作。1996 年，社会沉思性精神中心与费兹学会（Fetzer Institute）、美国学习社团委员会（The American Council of Learned Societies）合作颁发"沉思性实践和教学奖金"（Contemplative Practice and Teaching Fellowships），用于支持教师的沉思性教育实践及学术课程发展。该中心自 1997 年开始，每年通过会议、暑期项目、静居、校园参观以及在线资源等措施支持教师设计沉思性课程和教学方法，开设研讨班，对教师展开培训，致力于沉思性项目的发展。2009 年，高等教育沉思性精神协会（The Association for Contemplative Mind in Higher Education）成立，为来自全世界学院和大学的同僚分享思想提供互动平台。该协会仅在第一年就吸引 300 多名教师成员。在数千名教授、学术管理者、

---

① George Leonard, *Education and Ecstasy*, New York: Delacorte Press, 1968, p. 25.

学生生活专家的共同推动下，沉思性教育在高校中越来越多地被见到。基于沉思性教育理念设计的课程先后在 80 多所不同的大学被开发，课程的范畴涉及文学、宗教研究、艺术、音乐、数学、环境研究以及历史。比如，那洛巴大学用 35 年时间将沉思性实践作为所有学术性学科的基础。

第三节　沉思性教育的教育价值

沉思性教育假设持续注意、情绪平衡、领悟、同情等沉思性实践有助于解决问题、促进学习，有利于学生成长，将这些沉思性实践应用于课堂，使之成为与课程内容明确相关的教育学成分，体现出极高的教育价值。

一、改善身心，提升能力

研究显示，即使是短期执行的沉思性实践也确实可以减少压力[1]、

---

[1] Shapiro, Shauna L.; Schwartz, Gary E.; Bonner, Ginny, "Effects of Mindfulness-Based Stress Reduction on Medical and Premedical Students," *Journal of Behavioral Medicine*, Vol. 21, No. 6 (1998): 592.

提升认知能力①及认知灵活性②、提高注意力③、培养情绪平衡、增加神经和大脑的力量。比如，冥想实践可以培养自我控制、好奇心、专注、注意、沉着、反应性及自我中心等一系列特质。这些特质对课程材料掌握等一般能力具有增值价值，对中学生④、大学生⑤以及一般的学习⑥都有积极的效果，有助于数个教育目标的达成。实践也证实如此。在国家健康协会（The National Institute of Health）基金支持下，埃默里大学（Emory University）从 2005 年开始，与宗教、卫生等部门合作，以大一新生为对象展开研究，对炎症、神经内分泌以及对压力的行为反应进行测量，致力于探寻六周的同情冥想训练项目是否可以减少心理压力的负面影响。结果表明，与控制组（对学生进行压力说教）以及同情冥想参与度低的学生相比，那些同情冥想参与度高的学生在身体和心理状态方面的改善程度较高。这些学生在冥想后，消沉

---

① Zeidan, Fadel; Johnson, Suan K.; Diamond, Bruce J.; et al., "Mindfulness Meditation Improves Cognition: Evidence of Brief Mental Training," *Consciousness and Cognition*, Vol. 19, No. 2 (2010): 7.

② Moore, A., & Malinowski, P. Meditation., "Mindfulness and Cognitive Flexibility," *Consciousness and Cognition*, Vol. 18, No. 1 (2009): 182.

③ Jha, A. P., Krompinger, J., & Baime, M. J., "Mindfulness Training Modifies Subsystems of Attention," *Cognitive, Affective & Behavioral Neuroscience*, Vol. 7, No. 2 (2007): 116.

④ Benson, H., Kornhaber, A., Kornhaber, C., et al., "Increases in Positive Psychological Characteristics with the New Relaxation Response Curriculum in High School Students," *Journal of Research and Development in Education*, Vol. 27, No. 4 (1994): 230.

⑤ Deckro, G. R., Ballinger, K. M., Hoyt, M., et al., "The Evaluation of a Mind/Body Intervention to Reduce Psychological Distress and Perceived Stress in College Students," *Journal of American College Health*, Vol. 50, No. 6 (2002): 286.

⑥ John D. Bransford, Ann L. Brown, & Rodney R. Cocking, *How People Learn: Brain, Mind, Experience, and School*, Washington, D. C.: National Academies Press, 1999, p. 118.

情绪得到缓解，炎症反应越来越少[1]。心能研究中心（The Heart-Math Research Center）展开的测试边缘国家示范研究（The Test Edge National Demonstration Study）显示，那些努力学习精神活动"内在一致性"的学生可以成功地随意减少考试压力，整体的情绪性格也会得到改善[2]。精神活动的内在一致性有助于学术成功和身体健康。肯塔基州大学（The University of Kentucky）的一项研究发现，思维能力在冥想期间能够得到恢复。做 40 分钟冥想的学生比打盹、阅读、交朋友、看电视 40 分钟的学生表现出更好的大脑功能。一项关于冥想对学习的影响效果研究揭示了认知与学术表现之间可测量、可观和普遍性的积极效果[3]。另一项研究表明，正念可以提高倾向性的注意、迅速而准确地获得信息、处理压力、管理情绪、培养积极心理状态的能力，可以提高学术成就，促进创造力、社交技能以及移情反应。关于长期慈爱善意冥想实践者大脑的研究揭示了在他们大脑的同感共鸣中心有更多的神经物质以及句法活动[4]。当学生通过冥想学会自我管理，他们能够迅速地从压力状态切换到积极状态，这对他们的心理健康、学术表现、情绪健康有即时的和长期持续的益处。有课堂实践证实，学生们在考试前进行简单的两分钟的呼吸冥想练习，所获得的满意感明

---

① Pace, T. W. W., Negi, L. T., Adame, D. D., et al., "Effect of Compassion Meditation on Neuroendocrine, Innate Immune and Behavioral Responses to Psychosocial Stress," *Psychoneuro endocrinology*, Vol. 34, No. 1 (2009): 95.

② Bradley, R. T., McCraty, R., Atkinson, M., et al., *Summary of Results from the Test Edge National Demonstration Study*, Boulder Creek: Institute of Heart Math, 2007, p. 4.

③ Shapiro, S. L., Brown, K. W., & Astin, J., "Toward the Integration of Meditation into Higher Education: A Review of Research Evidence," *Teachers College Record*, Vol. 113, No. 3 (2011): 502.

④ Lutz, A., Brefczynski-Lewis, J., Johnstone, T., et al., "Regulation of the Neural Circuitry of Emotion by Compassion Meditation: Effects of Meditative Expertise," *PLoS ONE*, Vol. 3, No. 3 (2008): 8.

显高于控制组，再一次证明沉思性教育与认知行为效果之间的关系。学生们反映冥想持续地促进他们的学术成功以及整体的发展。通过学习如何在精神上呈现，他们获得更多课程和课堂之外的东西。他们的内在更愉悦，对学校和家庭越来越富于生产力，他们跟朋友、父母、团队成员以及恋人的人际关系得到了改善①。这些研究结果均表明沉思性教育的优点并不只体现在"精神里"，还体现在"大脑里"。

二、开发潜能，引发创造力

沉思性教育可以通过开发潜能、制造对立面等方法引发创造力。

（一）通过开发潜能引发创造力

生理学研究表明，右脑是人的"祖先脑"，储存着自古至今约 500 万年人类进化过程中遗传基因的全部信息，"包含了一切天赋的智慧、伦理道德观念、宇宙规律等"②。与负责言语阅读、数理计算、逻辑分析、抽象思维等认识及行为的左脑相比，右脑负责直觉感受、感性情绪以及空间的、综合的、图形化的形象思维及认识能力。这些能力往往是创造创新所依赖的。最新科学研究显示，绝大部分信息量储存于右脑并在右脑中加以记忆，右脑的储存能力是左脑的 100 万倍，右脑蕴藏的潜能是左脑的 10 万倍③。神经学测试证实，成功的思想家、行

---

① O' Hara, B., *Meditation is Good for the Brain*, Society for Neuroscience Annual Meeting in Washington, D. C. Washington, D. C.：2005, pp. 152—157.

② 周兆祥：《开发潜能的右脑革命》，《书城》1999 年第 2 期。

③ 王家申：《右脑潜能开发与创新教育》，《创新科技》2003 年第 9 期。

政人员与棋手主要依靠右脑进行思考决策①，创作时的"灵光一闪""顿悟"也都由右脑完成。所以，人生而具有创造力。创造力并不能够培养，只能引发形成。更确切地说，创造力是通过开发右脑挖掘潜能形成。然而，教育注重言语阅读、数理计算、逻辑推理等左脑能力的锻炼，右脑被忽视。在现实生活中，人们终其一生只使用了左脑，蕴藏在右脑中的潜在能量未曾开发。这与人的大脑等生理构造在教育研究中缺失不无关系。事实上，人的大脑结构及其功能是教育教学的生理基础，只有遵循左右脑运动发展的规律，教育教学才有可能达到事半功倍的效果。沉思性教育看到并利用这一点，通过正念、开放监控等沉思性实践锻炼右脑，打开潜意识，引发学生的创造力。

（二）通过制造对立面引发创造力

对立面的思想早就内蕴于中国传统文化之中。太极图形象阐释世间万物的产生与变化皆源于阴与阳、刚与柔、动与静等对立面的相互作用以及对立面相克相生的深奥哲理。在今天的创造学原理中，反向思维、辩证逻辑及悖论思维等都是对立面思想的体现与运用。"极端性为人们打开创造性的机会大门。"② 一个真理的反面往往隐藏着另一个真理，创新与突破是同时思考到两种或多种对立面的结果。更进一步，"持续冲突"是对立面引发创造力的重要机制。当处于"持续冲突"状态时，"对立中的一致"的达成便意味着创新的达成。事实上，艺术、科学以及生活等许多领域的创新均源于"持续冲突"。比如，

---

① 周兆祥：《开发潜能的右脑革命》，《书城》1999 年第 2 期。
② 卞华、罗伟涛：《创造性思维的原理与方法》，国防科技大学出版社，2001，第 156 页。

物理学科中的波—粒子二元性就是对立面经由持续冲突达成一致的创新产物。戏剧等艺术作品也往往因拥有对立中的两难冲突而生动深刻。

（三）创新的过程往往伴随冥想

创造学领域的专家将创造过程区分为四个阶段：第一阶段是精神准备期（mental preparation），认真和持续地面对问题根源方面的进退维谷或冲突矛盾；第二阶段是孵化期（incubation），在主动处理问题与脱离问题之间徘徊；第三阶段是启发期（illumination），在这一阶段，悟性闪现；第四阶段是证实期（verification），毕竟领悟所得不一定完全正确，因此需要再一次与现实对比，对悟出的结论予以检查并证实①。在创造发生的整个过程中，冥想贯穿始终。其中，精神准备期主要依赖于注意聚焦冥想，孵化期的关键在于注意聚焦冥想与开放监控之间的互动，对于创新最为关键的启发期则完全是开放监控冥想运作的结果。开放监控冥想通常被视作创造力产生的源泉，它在扩展性推理中非常有用。

三、实施整体性教育，培育完整的人

人类认识世界的能力有很多，但现代教育通常只注重培养认知能力，忽视非认知能力与元认知能力的培养。沉思性教育整合多种认知和学习方式，强调对话与体悟，让人与人、人与物之间通过关联变得

① Sternberg, R. J., & Davidson, J. E., *The Nature of Insight*, Cambridge, MA: The MIT Press, 1996, p. 210.

更具整合性，实施整体性教育，培育完整的人。

（一）沉思性教育重视非认知能力的培养

现代学习理论研究表明，学习并不只是单一的认知活动，它建立在学生全部心理结构与活动的基础上，需要认知能力与非认知能力配合才能完成。其中，认知能力是以智力为核心的语言、计算、逻辑推理等心理能力。非认知能力"是指智力因素以外的、不直接参与认知活动过程却又深刻影响认知活动的效率效果的一切心理因素的总称"[1]，包括人的动机、情绪、人格、意志、兴趣、勇气、毅力、世界观等成分。非认知能力决定认知能力的获得及发展的有效程度，并最终决定学习成就高低。比如，学生的情感投入程度能在很大程度上影响他们的学习效果。"在积极开放与愿意接受新事物等非认知方面表现更好的学生，他们的学业成绩也往往更为优秀。"[2] 非认知能力还对个体的收入及其未来发展具有非常重要的作用，对劳动者在劳动力市场中的表现约有 80% 的影响[3]。现今社会正处于大发展、大变革、大调整时期，充满不确定性，对人的灵活性、创新性、适应性以及机动性等特质要求越来越高。大学生正面临前所未有的压力和挑战，单纯依靠认知能力已经不足以应对，需要非认知能力的支持和帮助。沉思性教育假设持续的自发性注意、情绪平衡、洞察以及同情等非认知能力会影响学习效果，而它们又是能够通过实践练习予以发展的。重视

---

① 李红梅：《浅析非认知因素对学习活动的影响》，《辽宁行政学院学报》2010 年第 1 期。
② 李丽、赵文龙、边卫军：《家庭背景对非认知能力影响的实证研究》，《教育发展研究》2017 年第 1 期。
③ 李丽、赵文龙、边卫军：《家庭背景对非认知能力影响的实证研究》，《教育发展研究》2017 年第 1 期。

发挥非认知能力的作用，通过非认知能力的训练培养并提高认知能力。比如，教会学生处理不良情绪，使其将注意力集中于学业。注意力易分散是当今大学生的普遍问题，正念通过训练个体专注于当下，聚焦于收集分散的精神能量并且引导它，达成对粗心大意等以注意力分散为特征的行为矫正。

（二）重视培养元认知能力

元认知能力既是支持理想性学习的自我管理能力的核心，也因其以"思考"本身为意识对象成为批判性思维的前提。无论是正念、开放监控，还是持续冲突，它们的本质都是要求个体关注自身内在的思维及情绪活动过程，强调个体对自己的循环性反思，是关于想法的想法，达成思维闪现时对思维本身的能动辨认。通过对意识经验因素的再组织，以促进头脑风暴的方式，对参与的精神过程进行反思走向元认知。从这一意义上说，沉思性教育是一种元认知训练。

在沉思性教育中，认知能力、非认知能力与元认知能力得到整合。沉思性教育有助于培育完整的人，是整合性教育。中国高等教育很少关注学生的非认知能力与元认知能力，这与高等教育理论基础中心理理论的缺失有关。在中国，无论是高等教育研究还是教育改革实践，都很少以大学生心理理论为依据。长期忽视非认知能力的后果是，中国大学生群体中出现越来越多的厌学问题、心理问题和伦理道德问题。

四、开启智慧教育，拓展教育空间

沉思性教育思想源于佛陀（Buddha）的开悟及其传道过程。换言之，佛陀的开悟及其传道过程是沉思性教育的原型。因为宗教信仰原因，中国教育领域基本没有关于佛陀教育思想的研究。其实，如果抛开宗教派别，我们可以认为佛陀是最伟大的教育家之一，而佛陀的传道则是最早的教育实践，其中蕴含丰富的教育哲理。佛陀因感悟人生苦而世事无常，发心断恼离苦，致力于解决宇宙及人生问题。如何结束烦恼？佛陀通过"洞察"（penetrating insights）以及"完全的理解"（full comprehension）进入一种叫作"完全专注"（complete attentiveness）的状态①。这种状态引导佛陀产生一系列深刻的领悟以及完全理解一切苦恼的来源，悟出无知是人类一切苦恼的根源。因此，让苦恼停止的办法在于根除无知。他通过完全专注、洞察获知智慧摆脱无知，最终达成对世界的本质性认识，实现人类的改变、成长以及转型。佛陀由自己开悟的过程得出结论：一切众生皆有佛性，只是因为烦恼障蔽而不能显现②。那么拂去众生心性上的尘垢，显发众生自性的光明；令一切众生远离污秽垢浊，令一切众生皆得安详自在。

佛陀所说的"佛性"即智慧。佛陀的教育强调通过启发获知已经内在于个体精神世界中的智慧去除无知。因此，沉思性教育在本质上是一种智慧教育，培养完全的专注、深刻的洞察力、领悟力以及完全的理解，强调智慧而不是单纯知识的获得。

智慧教育对中国现行高等教育是一个重要补充。中国高等教育也有智慧教育，但更多还是指现代教育技术在知识教育中的运用。高等教育的主流依然是让学生获得知识的知识教育，缺少让学生获得智慧

---

① Bowles, Samuel.; Gintis, Herbert., "'Schooling in Capitalist America' Revisited", *Sociology of Education*, Vol. 75, No. 1 (2002): 10.

② 体恒：《孔子与佛陀教育思想的比较》，中国佛学院官网，http：//www. zgfxy. cn/xscg/xslw/2011/12/29/085507449. html。

的智慧教育。知识教育可以塑造消息灵通的公民或者聪明的劳动大军，但却不能使他们达成对世界的真正的认识，不能达成对真正"无知"的根本性解脱。现行高等教育是不完整的。首先，知识虽然能够为人类提供对复杂现象的解释，但它本身并不足以被用来应对真实的生活和复杂世界，对知识的恰当使用需要依靠智慧①。因为智慧是运用知识指导并改善生活的能力。其次，随着现代信息共享技术的普及，知识增长速度日渐加快并随处可见，若将教学的功能仍囿于传授及发现知识将不合时宜，传统知识教育受到挑战。对知识的学习方式应该从对客观实在的记忆转变为对客观实在的查证和改造，教育教学应更加强调探究性和体验性，学生应该学会把握知识间的因果联系，养成创造创新、引领知识发展的能力，而不应只是内在事实的积累。智慧教育因此变得迫切。对于智慧教育，沉思性教育是一种方式，除此之外，可能还有别的方式。仅有知识的教育只能"成才"，不能"成人"。兼顾知识与智慧的学习，才算是真正完整的学习；兼顾知识与智慧的教育，才能算是真正完整的教育，才能培育完整的人。

高等教育的革命不应只是物质条件的改进，而应是致力于改变精神态度和价值观的精神的革命。更进一步讲，真正的变革应是发生在课堂中的精神革命。没有抓住"课堂"与"精神"两个高等教育的核心与根本，仅仅通过完善物质条件、致力于政策及制度调整的变革不可能彻底，也难以取得真正的成功。如此，旧秩序将不停上演，并且会削弱已经做好的一切。沉思性教育是对现代教育课堂教学的教育目的、教育内容、教育功能等方面的全方位变革，它对现代教育的变革

---

① 刘晓琳、黄荣怀：《从知识走向智慧：真实学习视域中的智慧教育》，《中国电化教育》2016 年第 3 期。

不是简单的加减法，而是在宣称关于人类存在的改变与成长，在我们所认为的认知和知识中提供一种新的认识论、方法论，是发生在高校课堂中的"精神变革"。

☞ 第十一章

学术性与职业性的融合：
高等教育质量观的新取向

第一节　学术性与职业性：
高等教育质量观的基点

　　高等教育质量观的基础在于自身的基本属性，即学术性和职业性。学术性是指大学对学术、理性、知识等目标追求的一种倾向，专门性、理论性和系统性是其显著特征。学术性是高等学校区别于其他教育机构的内在规定性，是大学的安身立命之本，因为"大学所能做的最大服务，国家所仰赖于大学的最重要的服务，社会所不能做只有大学才能胜任的服务，就是其学术性的贡献"[①]。职业性是高等教育的基本特征和共同属性。这是由高等教育的专业教育特征决定的，因为

────────

① 滕大春：《高等教育发展与改革》，人民教育出版社，1983，第95页。

"高等教育是建立在普通教育基础上的专业教育"①。职业性是大学对知识的技术性或应用性等目标追求的一种倾向，实践性是其显著特征。

学术性和职业性是高等教育不可分割的两个方面。缺少学术性，就不可能有科学、思想和文化的繁荣，职业性教育的发展也会失去后劲；缺少职业性，则不能把已有的理论知识适时应用于社会生活的各个方面，促进社会经济增长。学术性教育是"源"，职业性教育是"流"，学术性教育为职业性教育的存在和发展提供条件和保证，离开学术性教育，职业性教育则成了无本之木。同样，学术性教育也离不开职业性教育，离开了职业性教育，学术性教育就不能为社会生产作出贡献，就会失去社会对它的支持②。

不同的历史时期、社会环境及主体，对高等教育两种属性的期待和需求的差别形成了两种不同的高等教育质量观，即学术性高等教育质量观和职业性高等教育质量观。学术导向的高等教育质量观，其价值取向着重于认识世界，探究高深学问，注重对从事有关学术性工作能力的培养，以能否升学或从事科学研究为目的。职业导向的高等教育质量观关注满足社会政治、经济和文化发展的需要服务，注重对从事有关专业实际工作能力的培养，以能否适应社会发展需要为目的③。

---

① 潘懋元：《关于高等教育学学科建设的若干问题——在全国高等教育学学科建设研讨会上的报告》，转引自黄宇智《潘懋元高等教育学文集》，汕头大学出版社，1997，第118页。

② 刘大波、方展画：《高等教育的学术性与职业性》，《江苏高教》2003年第4期。

③ 薄云：《西方高等教育学术性与职业性关系的历史演变及其对我国的启示》，《江苏高教》2008年第3期。

第二节　高等教育质量观的演变和文化制约

一、高等教育质量观的演变：学术性与职业性的交替

　　由高等教育两种属性衍生的高等教育质量观，伴随大学职能的发展而演变。但两者间的争论不断，体现在不同的历史时期，两种高等教育质量观总是交替占据主导地位，评价、引领高等教育的发展。

　　高等教育质量观具有动态发展性，以学术性与职业性的交替演变作为主线贯穿于整个高等教育的发展历程，并外化为高等教育职能。

　　古希腊的哲学学校和修辞学校追求高深学问，进行闲暇教育，为学术而学习，培养自由人，学术性是高等教育的标志。当时的学术性强调学术远离社会生活，许多领域中解决现实问题的学问被视为不能登上大雅之堂，学术作为目的而存在。以行会组织方式建立的欧洲中世纪大学主要培养牧师、律师、医生等，由此确立了大学职业性的地位。到18世纪末期，高等教育开始扩展到培养各学术领域的专门人才。19世纪初，柏林大学的创立突出了大学发展科学的职能，研究高深学问成为德国高等教育的一种模式，学术性占据主导地位，但此时的学术是促进教学科研以及人的修养。随着19世纪下半叶美国赠地学院的创立和州立大学的崛起，一种专门为工农业生产第一线培育实用人才的新型高等学校很快流行起来，这时，职业性在高等教育中凸显

其价值。尤其是从 20 世纪中期开始，高等教育以培养各种实用性、职业性人才为主进入了大发展阶段①。

学术性与职业性两种高等教育质量观一直并存于世界高等教育的发展史中，只不过长期受二元论哲学观念的影响，以及受制于不同历史时期、不同地域的特定需求而使其中之一占了上风。

二、高等教育质量观的文化制约

从上述高等教育质量观的发展历程中可以发现，在一定时期占据主导地位的质量观很容易产生于某些特定国家，这便是高等教育质量观的文化特殊性。高等教育质量观的文化特殊性还在于某些国家的高等教育质量观受文化观念的影响而呈现出相对的稳定性，体现出高等教育质量观的文化特性。比较典型的当数英国和中国。

英国高等教育奉行学术本位，统一规范大学学术标准，对高等学校的人才规格和质量标准统一要求。这种高等教育质量观在英国有着牢固的文化土壤，以至于在高等教育大众化背景下，学术性依然作为统领整个英国高等教育发展的统一质量观，对多科技术学院和教育学院等非尖子型高等教育部门也按照尖子学校、精英教育的标准来要求，使得英国高等教育大众化的速度缓慢。

我国高等教育质量观也带有很强的文化特色。受儒家思想及封建思想的影响，形成了对脑体分离、职业等级的高低贵贱的看法。

---

① 黄小平、刘郎：《从高教发展史看我国大众化高等教育的质量观》，《中国电力教育》2007 年第 7 期。

加之我国高等教育自身独特发展历程的影响，高等教育呈现重学（学问、科学）轻术（职业、技术），崇尚学术性，偏重于以学术性评价质量的倾向。民国时期，教育总长蔡元培就把大学定位为师生共同"研发学术之机关"。20 世纪三四十年代，时任清华大学校长的梅贻琦亦指出，要培养专业范围内的通才，"通识为本，而专识为末，社会所需要者，通才为大，而专家次之"①。曾经也有许多教育家主张高等教育的实用性和社会服务性，如陶行知从"生活教育理论"出发，倡导举办"社会大学"，面向大众举办最合乎需要的新大学；20 世纪五六十年代，我国大力提倡"生产与劳动相结合"，把劳动实践纳入教学计划，虽然说崇尚学术的观念有所纠正，但从总体上看，我国高等教育深受学术性的影响，秉持一种学术性取向的高等教育质量观②。直到今天，学术性和职业性之间的争论及对于职业性的认识问题仍然没有达成共识。这一方面体现在宏观政策层面对综合性大学的偏向，注重对研究型大学的投入，相对忽视高职教育的发展和投入；此外，也体现在高校层面，高职教育自身存在自卑心理，想尽办法求升格，模仿综合性研究型大学办教育。另一方面体现在微观层面，具体表现为学生家长及学生的观念，普遍认为高职教育是低层次教育，是针对差生的教育，导致高职教育中优秀生源的缺失以及高职学生的自卑心理。

---

① 陈小红：《学术性与职业性的融合》，《复旦教育论坛》2003 年第 4 期。
② 陈小红：《学术性与职业性的融合》，《复旦教育论坛》2003 年第 4 期。

第三节　学术性与职业性的融合：
必要性和合理性

1998 年，首届世界高等教育大会指出，多元化的高等教育质量观是未来高等教育的方向，强调"高等教育的质量是一个多层面的概念"。高等教育质量观的多样性不仅体现在高等教育的产品（学生），还包括高等教育的"所有功能和活动"，既要关注人才，也要关注大学；大学层面，不仅体现学术和精英的要求，还应体现大众和职业的要求，使不同层次和类型的大学具有不同的质量定位；人才层面，不仅要重视学术型和知识型人才的培养，也要注重复合型和技能型人才的塑造。简言之，多样化的核心是要处理好学术性和职业性的关系，尽量做到两者的协调与融合。

一、必要性：高等教育大众化的需求

学术性与职业性融合的必要性主要来自高等教育大众化的需求。自 1999 年扩招以来，我国高等教育规模不断扩张，已进入大众化阶段，部分发达省市已进入普及化阶段。大众化推动了高等教育的多层次、类型，形成了分层的高等教育系统。传统以学术性作为高等教育质量的评判标准，给我国的高等教育发展造成了诸多障碍，对高等教育质量观多样化发展提出了需求，对高等教育质量观的学术取向与职业取向的相互融合提出了要求和挑战。

（一）高等教育大众化挑战质量观的单一性

随着高等学校招生规模的不断扩大，高等教育已不再是部分人所享有的特权，而是作为社会的大众产品提供给社会和个人，受教育者的类型和层次呈现多样化的态势。另外，大众化时代，人们对高等教育的需求也促使高等教育由"卖方"向"买方"转变，受教育者的需求在很大程度上决定了高等教育的生存和发展。面对多样化的需求和利益取向，高等教育需要寻求多样化的发展道路，因此传统单一的学术性质量观面临严峻挑战。

（二）高等教育大众化的发展使职业性得以凸显

高等教育不再只是培养社会精英，而是为生活做准备。教育对象的扩大要求教育类型更加多样化，衡量高等教育质量标准多元化。学术标准将不再是衡量高等教育质量的唯一指标。基于此，高等教育的职业性越来越受到关注和重视，高等教育大众化的发展促使高等教育的职业属性得以彰显。

（三）我国高等教育大众化进程中出现了诸多质量问题，对传统质量观提出了挑战

在高等教育规模迅速扩张的同时，高等教育实践中出现了诸如高等教育质量下降、大学生结构性失业现象严重、高校"升格热"造成发展趋同现象等问题，影响了高等教育的健康发展。其根本原因在于高等教育质量观及其影响下的高等教育评价体系，即习惯以单一、学术性的高等教育质量标准来衡量多样化、多层次的高等教育系统。要

解决这些问题，促进高等教育健康持续地发展，必须变革高等教育质量观。

二、合理性：博耶的大学术观

博耶的大学术观为学术性与职业性的融合提供了理论基础，使高等教育质量观的学术取向与职业取向的相互融合成为必然。

20世纪70年代，美国高等教育普遍存在重科研轻教学的现象，教学质量普遍下滑，为此，欧内斯特·L.博耶（Ernest L. Boyer）在1990年出版的《学术的反思：教授的工作重点》一书中提出大学术观。主张学术不仅"意味着通过研究来发现新的知识，学术还意味着通过课程的发展来综合知识，还有一种应用知识的学术，即发现一定的方法去把知识和当代的问题联系起来，还有一种通过咨询或教学来传授知识的学术"[①]。探究的学术指传统的科学探究；综合的学术"就是要建立各个学科间的联系，把专门知识放到更大的背景中去考察，在阐述数据中有所发现"[②]；应用的学术指将发现出来的知识运用到实践中；教学的学术则意指对于知识的传播和传递。在博耶的大学术观下，教学和科研的矛盾得以化解，成为"学术"共同体的两个方面，而非对立之势。同样，在博耶的大学术观下，高等教育的学术性和职业性得到统一，因为职业性可以包含应用的学术和教学的学术，包含

---

① ［美］欧内斯特·L.博耶：《关于美国教育改革的演讲》，涂艳国等译，教育科学出版社，2002。
② ［美］欧内斯特·L.博耶：《学术的反思：教授的工作重点》，载国家教育发展研究中心编《发达国家教育改革的动向和趋势（第五集）》，人民教育出版社，1994，第87—89页。

探究与整合的传统学术并列作为大学术的一个方面。在博耶的大学术观下，高等教育的学术性与职业性两种属性得以统一，为学术性与职业性的相互融合提供了理论基础。

第四节　学术性与职业性融合的路径

高等教育的多元化也已成为一个必然趋势，学术性与职业性的融合是高等教育质量观的发展趋势，但如何走向融合是一个必须认真考虑的问题。

一、观念层面

要消除对学术性和职业性的误读。长期以来，人们把学术性和职业性作为两个层次。受学术性质量观的统治地位以及"学而优则仕"等传统观念的影响，国家、大学及社会公众普遍认为职业性不及学术性，职业性也一直处于弱势地位，导致两者在实践层面的失衡。职业教育也因此在我国高等教育系统中一直处于最底层，被视为"低端教育"。因此，要树立多样化质量观，建立学术性和职业性协调的高等教育质量观，首先要厘清高等教育的职业性，避免各主体对职业性和学术性的误读，平衡两者的关系和地位。其实，学术性和职业性是高等教育的两种不同属性，由此衍生出的质量观作为不同的质量标准，有不同的适应面，存在差异性，但仅限于类型差异，而非水平差异①。由两种属性衍生出的学术性高等教育机构和职业性高等教育机构，各成系统，均有自身的发展逻辑及质量要求。在多元开放的时代，要努力寻求学术性与职业性之间的平衡，基于长期以来我国高职教育的弱势地位，在未来很长一段时间内，高等职业教育将是发展的重点。首先，在国家政策层面，应适当偏向高职教育，为其发展提供保障；其次，通过渗透方式，教育社会、用人单位、家长和考生，对重学术轻职业的传统认识予以纠偏；最后，要建立与高职教育层次和类型相对应的高等教育评估体系，以恰当的要求和期望引领高职教育健康发展。

二、制度层面

我国高等教育系统是基于传统狭隘学术观下的产物。相较于学术教育的各个层次，职业教育则仅有专科和本科两个层次，忽视职业教育中的学术性，缺少研究生教育层次的保证。制度层面的缺失导致实践层面对职业教育的轻视。因此，为使学术性与职业性真正融合，平衡两者之间的关系，有必要重构我国现行的高等教育系统，使两种类型真正成为平行系统，分别有各自的教育层次。

---

① 向春：《大众化高等教育质量观：学术性与职业性之争》，《江苏高教》2008 年第 2 期。

三、实践层面

要建立多元评估体系，形成分类评估机制。学术性高等教育质量观至今仍然在人们的观念中占据主导地位。基于此，并考虑到高职教育作为高等教育的一种类型和系统，应该有其单独的评价标准和评估机制，从而在整体上形成多元化、多层次的高等教育评估保障体系。譬如，研究型大学作为高等教育学术性的主要承载者，仍应坚持学术性的评估准则，恪守"少而精"的原则；一般普通本科院校，学术性和职业性应该并重；而以职业性为主的高等职业院校，更应强调职业性和对社会的职业服务性，因此应主要评价其职业性的水平，而非学术性。不同种类和层次的高等教育应取不同的质量观。比如，研究型大学应坚持以创新性的知识的传播、生产和应用为中心，以产出高水平的科研成果和培养高层次精英人才为目标；一般本科院校应树立以社会需求为导向的质量观，以培养行业或地方经济社会发展急需的应用型人才为己任；而普通专科教育应坚持个人选择导向的高等教育质量观。

☞第十二章
基于应用观的地方普通
高校人才培养模式变革

近年来，我国高校大学生"毕业即失业"现象普遍且日趋严重，地方院校毕业生失业率位居各类高校之首。在教育部 2012 年公布的全国高校毕业生就业率排名中，"985 高校"位居第一，高职院校位居第二，"211 院校"、独立学院、科研院所分别位居第三、第四和第五，地方普通高校排在第六①。在就业难形势的逼迫下，大部分毕业生选择非自愿就业，他们"不得不暂时接受厂商为劳动支付的小于劳动者保留工资的价格，同时继续在市场中搜寻就业机会"②。在少部分对口就业的大学生群体中，又有 55.6% 的学生认为所学专业知识难以满足工作的实际需要③。与毕业生就业质量不高相对应的是，用人单位高薪难聘合适技工，我国中高级技术人才的需求缺口逐年扩张。2012

----

① 李剑平：《一些地方新建本科贡献大量"失业者"》，《中国青年报》2013 年 10 月 21 日。
② 邹云龙、孔洁珺：《大学生就业质量检测研究：以非自愿就业为基础》，《教育发展研究》2011 年第 9 期。
③ 王彦：《高校转型发展的路径研究》，《现代教育管理》2015 年第 3 期。

年，我国高级技能、技师、高级工程师的岗位空缺与求职人数之比依次为 2.86、2.38 和 2.37[①]。地方普通高校发展正处于困局，不仅影响了国家高等教育结构的均衡发展，也严重制约了区域社会的发展。

为帮助地方普通高校摆脱发展困境，培养更多应用型高层次人才以服务于区域社会发展需求，教育部在一系列调研、研讨的基础上先后颁布了诸如《关于地方本科高校转型发展的指导意见（征求意见稿）》《国务院关于加快发展现代职业教育的决定》《现代职业教育体系建设规划（2014—2020 年）》等文件，致力于"引导一批普通本科高校向应用技术型高校转型"，使其成为直接服务于区域社会发展的新型大学。何谓应用？如何转型为应用技术型高校？这是地方普通高校当下需首要回答的问题。其实，地方普通高校一直致力于培养应用型人才、服务于地方经济。"应用"一直是地方普通高校的使命。所以，转型的本质应是应用内涵的转型，即应用观的转型。如此，将上述问题具体化，即什么是应用？现行应用观的内涵是什么？它是如何限制地方普通院校发展的？应用观应该做出何种转变？基于新的应用观，地方普通高校应该做哪些转变？人才培养是高校工作的核心，人才培养目标决定其他工作的导向，人才培养模式是地方普通高校毕业生就业质量问题的直接原因。因此，基于应用观审视的人才培养模式变革是地方普通高校转型的核心。本章将围绕地方普通高校本科人才培养模式变革对上述转型问题做出回应。

---

① 《社会蓝皮书显示我国每年群体性事件达数万起》，人民网，http://news.sina.com.cn/c/2012-12-18/105425838486.shtml。

第一节　地方普通高校人才培养
模式中的应用观

依据人才在生产实践中发挥作用的性质，我们习惯将其划分为理论型人才和应用型人才。不仅两类人才内涵不同，在不同时代，同一类型人才的内涵也不相同。在传统观念中，理论型人才通常指致力于创新知识、发现规律等基础研究的科研人才，他们不直接与实践发生关系。应用型人才通常指致力于将理论发现、创造转化为实践的技能型人才，他们直接与实践发生关系。长期以来，理论型人才一直是主流人才类型，由研究型大学、普通本科院校培养，教育层次从本科贯通至博士，实施理论型人才培养模式。应用型人才不被重视，培养层次低，由成人教育、高等职业院校培养，教育层次多停留于专科，实施应用型人才培养模式。

近年来，产业结构升级对高层次应用型人才产生需求，并促使应用型本科教育层次出现，地方普通高校应势成为这一高层次应用型人才的培养主体，实施应用型人才培养模式。自此，关于应用型本科人才培养的研究便开始多了起来。例如，应用型人才的内涵、分类、特征及规格研究，高校应用型人才培养经验的总结、反思性研究，应用型本科人才培养的国际比较研究，应用型本科人才培养模式的构建及运行条件研究等等。整体来看，研究的问题域虽多样陈杂，但却存在一个共同特点，即缺少对"应用"的专门关注及思考。笔者以应用型人才规格研究举例说明。我国学术界对应用型人才规格的研究主要遵循两条路径：第一，诉求于外部。基于调研，根据社会需求定位应用型人才规格。第二，诉诸人才学视角。基于比较，根据其与学术型人才的关系定位应用型人才规格。就第一条路径而言，繁杂的社会需求导致人才规格定位宽泛，完全以外部需求为导向容易使高校的教学自主性受到威胁。就第二条路径而言，基于比较界定人才规格的"度"。一方面，容易使应用型人才规格模糊；另一方面，容易在各人才类型间制造对立。无论诉求于外部还是诉诸人才学视角，已有的应用型人才规格研究都缺乏一个明确的、源于自身特质的理论支撑。这个能反映应用型人才特质的、能作为应用型人才内涵界定的理论支撑便是"应用"。实践中的应用内涵不断演变，而人们却一直无视应用内涵的改变。

对"应用"的无意识导致常识理解替代理论推理。常识理解由传统观念积淀养成。在我国传统观念中，"应用"等同于"术"，意为将"学"（今之理论）参与到实践中，让其发挥作用。"术"不如"学"，被视为奇技淫巧。它不高深，也不复杂，掌握它并非难事，无须专门学习。这种观念根深蒂固，固化成为人们对"应用"的常识理解，我们称之为传统应用观。凡被冠以"应用"甚或与"应用"沾边的机构（如职业技术学校）、活动（如器械修理）均不被尊重。

在崇"学"（理论）的大氛围中，将"应用"作为"术"的日常理解易被强势且成熟的"学"（理论）牵引。实际办学过程中，各方主体对"应用"的抗拒无处不在。今天，我们虽然提倡应用，鼓励创办应用型高校、培养应用型高层次人才，但在内心深处始终认为"应用"地位低下、始终不能接受"应用"。在教师群体中，也不乏有人质疑应用型本科人才培养的必要性，甚至有人怀疑培养应用型本科人才、办应用型高校是否让大学丢了其应有的"尊贵"。基于传统应用观的应用型本科人才培养模式已成为我国应用型人才培养的掣肘。在应用型人才培养模式设计中，人们习惯将应用、应用型人才放置于理论、理论型人才的下位。譬如，将理论型人才视为"致力于将自然科学和社会科学领域中的客观规律转化为科学原理"，致力于发现事物本质及规律的人才类型。将应用型人才视为"将科学原理或新发现的知识直接用于社会生产生活密切相关的社会实践领域"，致力于"利用已发现的科学原理服务于社会实践，从事与具体的社会生产劳动和生活息息相关的工作，能为社会创造直接的经济利益和物质财富"的人才类型①，并依此设计相应的课程与教学体系构成所谓的应用型本科人才培养模式。实践中，我国大部分地方普通院校的应用型本科人才培养模式奉行理论型人才培养模式与实践实习的机械拼接，导致地方普通院校丧失"应用"特色，化身为研究型大学的影子，所培养的人才"真理论，伪应用"，"高不成低不就"，与社会经济发展不相适应。当今地方普通高校本科毕业生"毕业即失业"、高失业率问题的根源就在于传统应用观以及依此设计的应用型本科人才培养模式。为此，我们亟须将注意力集中于"应用"，对其予以重视，明确已经转变而我们尚未觉知的应用观。

第二节　应用观的审视与现代应用观的确立

人类社会的知识分类有许多，与本研究相关的知识分类为将知识

---

① 　季诚钧：《应用型人才及其分类培养的探讨》，《中国大学教学》2006 年第 6 期。

划分为理论性知识与实践性知识。知识范型有四种①，与本研究相关的知识型为科学知识型与文化知识型。当下，我们正处于科学知识型与文化知识型转型期。伴随知识转型，应用观亦完成了由传统到现代的嬗变。

在科学知识型中，理论性知识位居主流。以理论性知识为基础的行为（如科学研究）地位较高。理论性知识因其神秘性而变得高深莫测，仅为少数人掌握。科研者（如科学家、发明家）以及掌握、传播理论性知识的人（如研究型高校毕业生）是社会的掌权阶层。创新知识、发现规律等基础研究是此类知识的生产方式。其生产不与实践发生直接关系。

在科学知识型中，实践性知识地位低下，其特性被遮蔽。理论性知识的特性同化实践性知识，实践性知识的意义虚无化。以其为基础的应用是技能，是验证理论性知识的手段。从事应用者无须取得过高的学历资格。应用者（如技工）是社会的无权阶层，应用者为获得与掌权阶层同等的权利，不断参照理论性知识改造其知识基础。譬如，职业技术教育以理论性知识为内容施教。另外，掌权阶层在知识生产中不断赋予知识以自身阶层的价值理念，将其传播给无权阶层，又进一步强化了科学知识型的等级性。

随着经济社会的发展以及信息网络的出现，知识获取渠道日渐多元化。知识范式开始转型，文化知识型萌生。理论性知识的权威性日渐衰微，实践性知识的特性日渐彰显。以此为基础的应用等级及从事

---

① 北京师范大学的石中英教授在其《知识转型与教育改革》一书中认为，人类社会的知识型可分为四类：神话知识型（原始知识型）、形而上学知识型（古代知识型）、科学知识型（现代知识型）与文化知识型（后现代知识型）。

应用者的地位上升，应用开始成为大学的目标。高校与社会的距离日渐缩短，应用型高层次院校大量产生。产业部门需要的不再仅仅是依靠经验成长的技能人员，更多的是拥有特定知识水平及知识生产潜能的创新型技术性、工程性人才。这种需求化身为"学历高消费"存在于社会实践中。

以知识转型为背景，应用观已发生转变。为与之前的传统应用观相区别，我们称转型后的应用观为现代应用观。不同于传统应用观，现代应用观下的应用不再只是一种技能，不再局限于将理论转化为实践。它有实践性知识支撑，更强调实践中的创新与发现。具体而言，现代应用观又是什么呢？笔者认为，行为以知识为基础，知识决定行为的全部内涵。若想理解现代应用的内涵，理解作为其基础的实践性知识是有效路径。

实践性知识是内生于实践的高度个人化的、"沉默的""心照不宣的"知识，包括个体的思维模式、信仰、经验和感觉。可将其显性化和理论提升，使其成为"明确的""清楚的"和明白表示的知识，使其可明确感知、表达和传授①。依据其显性化程度，实践知识可分为技能性实践知识、技术性实践知识和工程性实践知识三个层次。基于知识分层，可进一步将应用划分为技能性应用、技术性应用和工程性应用三个层面。

实践性知识内生于实践，它具有很强的情境性、地域导向性、跨学科性、异质性、动态性和社会问责性特点。第一，情境性。实践性知识产生于实践中的问题。实践性知识的生产从问题的选择、解决到

---

① 宫卫军、姜照华、扬名：《科技知识生产中的隐知识生产量的测算》，《科学管理研究》2005 年第 5 期。

成果的传播均受制于特定的实践情境。这也决定应用研究和开发研究是其主要的生产方式。应用研究意指为解决某个实际问题提供方法的研究。开发研究即利用应用研究的成果与相关知识与技术，创生新产品、完成特定工程技术任务的研究。第二，地域导向性。实践性知识的发展主要由外在需求决定，它往往因特定地域发展需求的改变而转变方向。第三，跨学科性。实践知识的产生源于实际问题，而实际问题的解决不受限于某一门或某几门学科。第四，异质性与动态性。实际问题的复杂性决定了实践知识的生产应由公司、政府、大学及研究院等多种不同的组织和机构共同完成。实际问题解决过程的多变性与不稳定性进一步决定团队构成的动态性。第五，社会问责性。实践知识弥散于社会，其生产必须考虑众多知识需求者的利益诉求及其可能带来的社会影响①。

由此推知，现代应用观下的应用不再只是技能，它有实践性知识支撑，强调创新与发现。这种创新与发现具有情境性、地域导向性、跨学科性、异质性与动态性、社会问责性。

第三节　基于现代应用观的地方普通高校
人才培养模式变革

以现代应用观观照高校人才培养模式，笔者认为，多元化的制定

---

① 张宏岩：《知识生产模式 2 对高校人才培养模式的影响——北京大学软件与微电子学院的案例分析》，《教育学术月刊》2013 年第 3 期。

主体以及以市场为载体的实践逻辑应成为应用型人才培养模式设计的基本价值取向。现基于目标、载体、实施三个方面，以公共管理学科为例，分析现代应用观下我国地方普通院校本科人才培养模式的变革问题。

一、以应用为目标的人才规格

人才规格是应用观与人才培养实践沟通的中介。基于新型应用观的人才规格设计应成为当下地方普通院校人才培养模式变革的第一要务。应用型本科教育是我国高等教育进入大众化阶段出现的一种新的教育现象。现代应用观下的应用型大学人才培养不再停留于一种技能，而是技术甚或一种工程性活动，创新、发现以及与其紧密相关的实践知识得以浮现。原有的人才规格设计不适应变革了的社会需求。应用型大学的培养目标是，面对现代社会的高新技术产业，在工业、工程领域的生产、建设、管理、服务等第一线岗位，直接从事解决实际问题、维持工作正常运行的高等技术型人才。应用型大学的办学理念和发展定位既有别于"研究型"大学，也有别于我国传统的"学术型"普通本科院校，而是指将自身类型定位于教学主导型，将发展目标定位于培养直接面向市场和生产第一线的高级工程应用型人才。因此，教学科研型及以教学为主的地方性大学，因其变革发展的根本动因来自一定的区域范围内经济与社会环境的变革，多提出应用型人才培养模式。比如，应用型大学公共事业管理专业人才规格应依据公共事业管理的新内涵，围绕知识、能力与素养三个方面进行重新设计，使之成为具备应用研究、开发研究、实践能力以及职业伦理道德、特定心理品质的高素质创新型人才。

二、"三重导向"的课程体系

实践知识的多学科性、境遇性特点决定了基于现代应用观的课程设置应以实践为导向、以地方为导向、以特色为导向。

(一)以实践为导向：以实践课程为主体，以理论课程为平台

在过去，应用型人才培养课程普遍以理论课程为主，能彰显应用特色的实践课程较少且多流于形式。依据现代应用观，笔者认为应用型人才培养课程设置应以实践课程为主，以理论课程为平台组织设计。其中，实践课程是以技术性实践知识为内容的课程。如电子政务、公共人力资源测评、公共部门绩效评估、城市数字化管理、实习实践等等，可将它们设为专业必修课程。将传统的理论课程，如社会科学、管理学、会计学等设置为专业选修课程，旨在为实践提供知识背景。此外，鼓励教师在全校范围内广开高质量的公共选修课程，为学生提供多学科理论知识平台。

(二)以地方为导向：结合区域需求，构建地方课程

地方课程是"在一定的教育思想和课程观念指导下，根据地方社会发展及其对学生发展的特殊需要，充分利用地方课程资源所设计的

课程"①。"地方课程"并非新生名词，但更多地用于基础教育领域，高等教育中则鲜见之。无论是应用型人才的出口还是实践性知识的特点，都决定了在应用型人才培养中设置地方课程的必要性。

（三）以特色为导向：保持本色，打造特色

为培养学生的宽知识基础，许多高校将相近专业合并为学院，但也随之暴露出诸多问题，最突出的便是强势专业同化弱势专业、弱势专业特色淡化。如公共管理学科下设公共事业管理、行政管理、劳动与社会保障、土地资源管理与教育经济与管理五个专业。这些专业在理论基础、研究方法等方面均存较大差异。如土地资源管理专业兼具管理学与工学性质。自其被划入公共管理学科后，该专业普遍文科化。这突出体现在该专业的实践类课程不足：平面制图与设计、遥感技术、全球定位系统等技术类课程缺失②。土地资源管理的理工科色彩淡化，所培养人才因缺失特色不适应社会需求。实践知识是应用的基础，也是应用的本质。因此，各专业课程设计应紧密结合特定经济社会发展需求、基于自身实践知识，保持本色即为打造特色。

三、强化实践教学

实践教学是学生在教师指导的实际操作、社会活动中体验、获得

---

① 郭元祥：《关于地方课程开发的几点思考》，载全国课程专业委员会秘书处编《21世纪中国课程研究与改革》，人民教育出版社，2001，第275页。
② 秦建成、张兆福：《地方工科院校公共管理类专业教学体系工科化改革——以土地资源管理专业为例》，《重庆理工大学学报（社会科学）》2013年第11期。

基本技能，进而提高其综合素质的教学方式。实践性知识的实践内生性及应用本身的实践性特点决定了实践教学理应成为应用型人才培养的主要方式。现代应用观下的应用型人才培养尤其应强化实践教学。

（一）教学场所多元化

应用型人才培养的教学场所不应囿于学校、课堂，更多应在实验室、生产车间等实践场所。在校外，学校可与各级政府联合创办校府合作实践基地，定期组织学生分批分时到政府部门见习，使学生亲临案例，自主分析。在校内，学校将"社会"搬进学校，让学生在校内体验社会，在模拟仿真中完成实践学习、训练任务。

（二）教学主体间关系民主化

知识等级对行为者地位的影响在教学系统中也有所体现，知识的生产者才有资格传播知识，他们的地位更高。在现代应用观下，企事业单位等实践知识的生产者，甚至作为未来生产者的学生均将获得与教师平等的地位，参与教学并成为人才培养的主体。为此，可尝试构建"学院—政府—社会"合作型人才培养机制。聘请校外相关人士担任导师，吸引社会力量参与教学。另外，还可积极致力于本校教师的锻炼培养，每年安排一定数量专任教师到政府部门、相关企事业单位挂职锻炼，加强教师的实践能力。

（三）多种教学形式并用

教学主体间关系及实践知识的特性共同决定了研讨式教学、案例教学法、项目式教学和支架式教学当为应用型人才培养的主要方式。譬如，可让学生参与到教师主持的横向课题中，让学生在项目中学习。

教师可在课堂中结合市场、社会、企事业单位的具体实例，设计诸多
虚拟项目，让学生参与进来，鼓励他们进行研究性学习，培养其创造
性、应用及开发研究能力。

第四节　地方普通高校人才
培养模式变革的保障

一、克服观念障碍，确立现代应用观

在传统观念中，应用是低级活动，应用是低层次的身份标签。虽
然致力于培养应用型人才、服务于区域社会发展一直是地方普通高校
办学的应有之义，但它们仍抱有向研究型高校发展的想法，办学的应
用导向并不明显。传统应用观不仅是地方普通高校办学的观念掣肘，
而且将成为地方普通高校转型的重要阻力。转变应用观、树立现代应
用观成为地方普通院校能否转型成功的关键。大学观念的载体是大学
章程。大学章程通过对办学定位及大学使命阐述并承载大学观念。至
今，仍有诸多地方普通院校缺乏完善的大学章程。就已有的大学章程
而言，其内容也较为空泛，是传统应用观的产物。虽处处可见"应
用"，但却不知"应用"是为何意。过于简单的"应用"界说势必让
人被"强理论，弱应用"的传统应用观所俘虏，进而使办学实践发生
异化。为此，地方普通高校应尽快完善大学章程建设，并将现代应用
观具体化、细化到章程的各个方面。另外，观念的最终还需高校内各

主体以制度为载体的反复实践才能最终达成。制度既为观念所衍生，同样也是观念的塑造者。与观念改革同步，地方普通院校内部的各项制度均应做出相应变革，尤其是与教师利益密切相关的考核与晋升制度。它们直接引导教师行为，也是转变教师观念的直接诱因。比如，可加大对科技成果转化与对生产力促进行为的考核比重。

二、加强应用研究，加速成果转化

人才培养变革需要研究做出相应变革支持。在传统观念中，应用即是拿着基础研究生成的理论去用。受此观念以及其支配下的政策引导，地方普通高校一直过于重视基础研究。与各种基础研究著述、纵向课题和经费相比，发明专利、横向课题及经费均少得可怜。各种科技成果的实践转化率与发达国家相比比例过低。在我国已有的科技成果中，仅有 15%~20% 的比例能转化为现实生产力，而发达国家的转化比例高达 60%~80%[①]。"科学与实践两张皮"现象普遍。这不仅无益于经济发展，而且大大浪费了国家的科研资源。

之所以出现上述情况，是因为传统应用观、传统应用观支配下的社会制度以及大学教师较弱的应用研究能力。即便那些有心又能做应用研究的教师，也往往缺乏机会与平台。为此，地方政府应主动担当高校与企业沟通的桥梁：第一，改革企业绩效考评标准，引导企业意识到高新科技成果对生产的价值，刺激企业对高新科技成果产生需

---

① 赵巍：《高校科技成果转化：现状、问题及对策》，《长江大学学报（社会科学版）》2012 年第 6 期。

求，增强其与高校合作的愿望。第二，制定相关政策，为校企间合作提供机会与平台，对校企合作项目、科技成果的转化、推广与应用予以重点经费支持。然而，我国地方政府责多权少，缺乏履行上述职能的权力和资源保障。这就要求中央政府进一步放权给地方政府。第三，地方普通院校还应采取措施帮助大学教师提升其应用研究及社会服务能力，帮助教师实现由基础研究者到应用研究者的转型。

三、改革大学评价制度，建构应用技术型高校评价体系

现代应用观中的应用不附属于理论，而是与理论同等地位的独立活动类型。同样，应用型高校也不低于研究型高校，而是与研究型高校同等地位的独立高校类型。在传统观念下，研究型高校一直是主流，研究性垄断并决定了所有大学制度建设的价值取向。大学评价制度也不例外。高校的研究性程度决定它在大学排名中的位置，研究型高校成为各类型高校的标杆。这种单一的大学评价制度是地方高校办学趋同的重要原因。今天，在地方高校转型之际，如果大学评价制度不做出相应改革，依然以现行评价标准为依据评价应用型高校，势必扭曲应用型高校办学实践。就算办学者暂时不为评价制度所诱导，应用型高校也会因其办学质量不合"要求"而在各方质疑声中选择趋同于研究型高校。因此，对大学评价进行分类改革实有必要，应鼓励社会尤其地方主体参与评价，应根据地方需求确定评价指标，构建另一套适用于应用型本科院校的独立指标体系。

四、推进高考模式改革，为地方高校转型提供生源支持

学校类型不同，培养目标不同，对学生知识、能力等素养的要求也不相同。现行高考模式是学术型高考模式，致力于选拔理论型人才。以理论型标准选拔出的人才不一定适应于应用技术高校。这一高考模式不适于选拔应用型人才，不能保证应用技术高校的生源质量。为此，为推进高考模式改革，教育部于 2014 年宣布实施"学术型"与"技能型"双模式高考政策，以多样的招考方式对应于多元的高等教育体系。这一举措为转型后的地方高校在招生制度方面提供了保障。但事关高考模式改革成功与否的系列问题，诸如应用型人才的核心素养包括什么、高考双模式之间如何沟通与衔接等仍未得到解决，仍需学术界与实践界共同探索、回答。

☞第十三章
学术性与职业性融合质量观取向下的大学课程变革

大学课程在高校教学改革与发展中占据着非常重要的地位，源于大学课程在社会思维方式变革中的重要地位与作用。

近代以来，在西方的分析思维方式的影响下，世界的科学及经济等方面都取得了飞速的发展，人们的物质生活也日益丰富，但在人类创造丰富的物质财富的同时，造成了对大自然的生态破坏，导致诸如沙尘暴、全球气候变暖等环境问题。人类在向大自然疯狂掠夺的同时，大自然在以同样甚至更严厉的方式惩罚着人类。这些生态问题已经严重危及了人类的发展乃至生存，我们需要正视它们，要转变发展观念，树立可持续发展的新观念。要做到这一点，最根本的是要转变我们的思维方式，变分析的思维方式为综合的整体性的思维方式，只有在这种新的思维方式的指导下，才能保证支持可持续发展观念的实现。

思维方式的转变需要知识及相应的知识结构的支持。大学作为知识的中心，在思维方式的养成方面负有不可推卸的责任，大学的课程更具有直接的关系。中国大学的课程仍然受到分析思维方式的影响，在课程设置的价值取向及结构形式等方面与当今时代所要求的新的发展观念不合拍，急需对此进行改革。笔者针对这些问题提出了一些建议，以期对大学课程的改良能起到促进的作用，进而对新一代的大学生乃至全社会的思维方式的转变都起到一定程度的促进作用。

第一节　社会思维方式的困境及其变革

思维方式的形成与发展，同社会的发展之间有着内在的一致性。任何一种思维方式的形成与转变，都受到社会发展各种条件的制约，顺应时代潮流、社会发展而形成的新的思维方式，会促进社会可持续地、健康地发展，而落后于社会发展的旧的思维方式，则会阻碍社会继续发展。

当前主导社会发展的思维方式指的是近代西方的分析思维方式，即在近代科学以牛顿经典力学为代表和哲学影响下形成的思维方式。笛卡儿以来的西方哲学家，把世界看作主客二元对立。笛卡儿的"我思故我在"，把"我思"作为思考世界的出发点，清晰地表达了主客二元对立。自此，精神与物质、思维与存在的关系成为西方哲学的基本问题。这种思维方式注重分析的方法，即认为可以把世界分为不同的部分进行分析，事物最终可以还原到少数简单的"基质"如原子，而事物总是由低级到高级直线发展的。因而，近代思维方式的基本特征可概括为主客二元对立，重还原性本质主义、客观主义、线性。

思维方式通过一些政治、经济及文化等方面的理论作用于社会的发展。近代思维方式对社会产生的影响，我们则可以从经济增长理论对社会产生的影响上找到影子。

经济增长理论是近代思维方式影响下的产物。它以还原论为其基本假设，坚持线性的发展模式，把经济增长还原为几个简单的要素，认为只要通过市场上"看不见的手"进行调节，就可以促进经济的增长。的确，在这一理论的指导下，以西方为主导的经济发展确实取得了巨大的成就，但它是以巨大的能源、资源消耗，严重的生态环境的破坏为代价的，并带来了贫富不均、城市病、道德水平下降等一系列的社会问题。笔者认为造成这些问题的根源在于近代的以分析为主的思维方式上，受这种思维方式的影响，经济增长理论只看到了经济，而忽视了制度、文化、道德等更为复杂的要素。该理论认为只要经济增长了，人类社会就可以取得进步，却没有看到人与自然、经济和社会文化之间的互动，故缺乏一种整体性的眼光。

第二节　社会发展与思维方式的变革

以这种思维方式为生长点，科学得以迅速发展，经济也不断增长，但"西方的思维方式是分析的，它抓住一个东西，特别是物质的东西，分析下去，分析下去，分析到极其细微的程度，可是往往忽视了整体联系"[1]，随之带来的必然是自然资源的日趋枯竭、水资源的严重匮乏、全球气候的异常、臭氧层的破坏，以及酸雨、沙尘暴、土地沙化等恶劣的生态问题，严重危及了人类的发展甚至生存，使人类社会

---

[1]　季羡林:《东学西渐与东化》,《美术》2005 年第 3 期。

面临危机。面对这些严峻的问题，我们需要树立可持续的发展观，显然，分析思维方式已经不能再支持社会的继续发展，我们更需要的是一种综合性的整体的现代思维方式。那就是要实现由分析思维走向综合思维，由简化思维走向复杂思维，由预定性思维走向生成性思维的转变。

这种新的思维方式具有以下几个特点：第一，把世界看作一个复杂的系统。这一系统不是各部分的机械组合，而是各子系统的有机联系，是"整体大于部分之和"。第二，复杂的系统不能还原为简单的感性材料，或者说，宏观世界原则上不可以从一个简单的微观世界中推导出来。第三，事物的发展变化有其规律，但却不是决定论的，而是表现为概率规律，因此复杂系统中的事物发展具有非线性的特征。第四，人类社会以及自然界中的各种复杂系统都具有自我组织的特性，不能把自然界视为被动的。

在这种现代的综合思维方式的影响下，我们直接提出了科学发展观，在胡锦涛同志 2004 年于两院院士大会期间的一段发言中，这种思维方式的综合性和整体性表现得非常明显。他说："落实科学发展观，是一项系统工程，不仅涉及经济发展的方方面面，而且涉及经济活动、社会活动和自然界的复杂关系，涉及人与经济、社会、环境、自然环境的相互作用。这就需要我们采取系统科学的方法来分析、解决问题，从多因素、多层次、多方面入手研究经济社会发展和社会形态，自然形态的大系统。"

第三节　大学课程在社会思维方式
变革中的地位与作用

影响社会思维方式变革的因素有很多：就学校外部而言，可以说是社会的各个方面；就学校内部而言，可以说从学校的校风、环境设置到教师的态度等都会有所影响。但在众多因素中，大学课程是最直接的也是影响最大的一个。

一、从大学课程的功能角度来看

一种文化造就一种思维方式，一种思维方式也成就一方文化，思维方式内蕴于文化而存在。

课程是观念形态的文化，文化是课程的主要源泉，特别是传统文化对课程有着比较稳定和持久的影响。课程来自文化，一旦形成，对文化就具有一定的作用，即有对社会文化的保存与活化的作用。社会文化进入课程，它不仅是得到保存，还能被"活化"。如果说文化以典籍形式出现，只是处于生命的"潜在状态"，读者有限，那么一旦被选入课程，代代相传，其"潜在"便会转化为"显在"，发挥实际的社会功能。《诗》《书》《礼》《易》《乐》《春秋》正是通过孔子的编纂，成为儒家经典教材，才代代相传，成为"活文化"，影响了整个中国的封建社会，直到今天，我们中华民族的思维方式仍然深受其影响。具体来说，课程的功能可以表现在以下两个层面：一个层面是个体层面，即指课程对个体社会个体所具有的功能（如道德社会化）；另一个层面则是社会层面，即指课程对社会的功能（包括社区及整个社会）①。这两层作用之间的关系表现在通过作用于人进而影响社会的发展，通过培养人的思维方式而造就整个社会的思维方式。也就是说，通过改变大学课程的设置及其内容可改变个体乃至整个社会的思维方式。

二、从社会思维方式的构成来看

知识是思维方式形成和发展变化的最为基础的文化构成成分，不同的知识和知识结构对人们的思维活动具有不同的规范作用，因而导致不同的思维结果即不同的文化创造成果。人们要变更现存思维方式，首要的第一个文化方式就是更新思维主体的知识和知识结构。大学课程在思维模式转变中起到重要的作用，归根结底就在于大学与知识之间的密切关系。

笔者认为，大学在不同的历史时期，扮演的社会角色是不同的。但有一点是相同的，那就是作为知识权威的地位，始终是大学得以存在的基础。从欧洲中世纪——真正意义上的大学产生之日起，直至今天，知识一直是大学里知识分子特有的活动对象，是作为大学活动的客体要素存在的，可以说知识已成为大学之根本。大学作为知识的殿堂，它是围绕知识而组织起来的，大学的一切活动（教学、科研和服

---

① 吴永军：《课程社会学》，南京师范大学出版社，1995，第 140 页。

务社会）等都是以知识为基础和核心的，通过大学，知识得以传播、传承和创新，并得以应用。随着社会的发展，大学逐渐从社会的边缘走向社会的中心，成为社会发展的"动力站"，在社会发展中起到越来越重要的作用。

大学作为一种教育机构，它本身具有传播、储存并且创新知识的功能，这无疑在新知识的产生及其结构的合理化等方面会起到非常大的作用。在大学中，能对知识内容及其结构起到变革作用，并进而对大学生的思维方式产生影响作用的因素很多，如大学的文化氛围、课程设置及其与社会之间联系的紧密程度等，但其中最直接的因素就要数大学的课程设置了。

第四节　中国大学课程设置的现状及改革的几点建议

通过前文的分析，我们发现大学课程在社会思维方式的变革中具有不可忽视的作用，要实现社会思维方式的变革，必然先反观大学课程设置的现状，发现问题，并予以改革，以辅助社会思维方式的变革。

一、中国大学课程设置的现状

中国高等教育从 1952 年院系调整和全面学习苏联模式以后，由于试图急于摆脱落后面貌进行工业化和现代化建设的特殊时代的需要，工程技术专业教育在整个高等教育中的位置被抬得过高，文化素质教育受到前所未有的忽视。这虽然是时代使然，但却给整个高等教育带来了偏失。部门办学，行业区分，条块管理，文理分家，学科分隔，泾渭分明。所进行的是典型的"专才教育"，改革开放促进了中国社会经济的发展，各级各类教育的发展也一日千里，但基本上还是沿着原来的模式在前进。随着计划经济时代的结束、市场经济的来临，社会越来越感觉到，原来的教育不能适应社会的快速发展。教育不能适应社会发展，主要反映在它的产品上，即教育所培养的人才上。高等教育，首先感受到了这一强劲的"不和谐"，这种"不和谐"在很大程度上可归因为大学课程的"不和谐"，具体来讲，这种"不和谐"表现在以下几个方面。

（一）知识课程观占主导地位

当前，中国的大学课程是遵循知识课程观进行设置的。知识课程观的基本思想表现在大学的课程以知识为中心，课程的逻辑结构和内容等同于知识本身的逻辑结构和内容，课程的目标就是让学生掌握并记住这些知识，"相信学生通过学习大量的知识就能获得很多东西"①。

以知识为中心的课程之路及以知识为中心的课程观是随着高等教育的形成、成熟与发展而建立并得到强化的。这种知识观从大学产生之日起就一直左右着人们的价值观念以及大学中课程的设置。最具有代表性的观点，如美国教育家布鲁纳所提出的关于"课程结构"的定义，他认为"所谓'课程结构'就是通过定义、原理、法则的形式，

---

① 德里克·博克：《美国高等教育》，乔佳义编译，北京师范大学出版社，1991，第36页。

重新组织教材，使各门学科的知识归结为基本概念，即通常所说的基本结构"。他的这一定义表明了课程不外就是结构化的知识，从课程设计到实施乃至评价课程都是全然依赖于知识的①。

在这种课程观的影响下，大学里"百分之九十的考题，仅仅是要求学生重复特定的事实，复述别人的观点，或者叙述历史事件"，"学校强调的主要是记忆，学生们用不着解决复杂问题，更不用说钻研没有答案的问题了"②。学生在大学里所学的知识只是外在于他的，"他的才智与一个只会接受事实的仪器或储存事实的容器也相差无几"③，由此造成学生的创造性水平严重下降。

随着社会的发展、知识增长速度的加快，高校所强调的知识越来越倾向于专门领域中的专业化知识。受这种知识课程观的影响，学生在高校中所接受的知识只是专门领域中的专业化知识，对于高校中的人文课程，没有人愿意去管，没有教授愿意去教，没有学生肯花精力去听，其结果便是造成学生知识结构的偏狭，人文素养缺少，严重地影响了他们的思维方式。

学生的心智发展是有缺陷的，他只会机械地吸收外在于他的知识，而没有发展自己的判断力、价值观、创造力，一旦他走出校门，他所学的知识便会被全部忘掉。这无疑是一种失败的大学教育，因为没有实现教育的终极目标——培养全面发展的人。

(二) 学科界限过严，缺乏沟通

中国高校过去在相当长一段时间里实行的是沿袭已久的传统分科

---

① 瞿葆奎：《教育学文集课程与教材（上）》，人民教育出版社，1988，第125页。
② 德里克·博克：《美国高等教育》，乔佳义编译，北京师范大学出版社，1991，第37页。
③ 约翰·亨利·纽曼：《大学的理想》，浙江教育出版社，2001，第47页。

课程模式。这种课程的设置忽略了学科内容之间的外在逻辑联系，学科界限过严，难以跨越学科壁垒建立互相沟通融合的桥梁，割裂了学生对事物整体性或全面性的认识，禁锢了学生思维的发展，阻碍了学生创造力的展现，导致其培养的学生知识结构单薄，综合素质较弱。这种课程设置最突出表现便是自然科学和人文科学的分离。美国纽约州立大学布法罗分校校长桑普尔认为："在我们这个现代化的时代，男男女女最大的需求是受到真正的文科教育，即对大学生的教育应包括语言、文学、艺术、体育、历史、数学、科学和技术，不管他们将来是成为历史学家、管理人员、工程师、作家或物理学家。"① 中国高校除统一开设政治课、外语课外，文理科基本处于隔离状态。如20世纪90年代初许多高校教学计划中规定："文理科互选对方课程一般不超过4门，加上公共必修课，理科类人文社会科学课程才占总课时的10%左右；文科选修理科课程则更少，占总课时的5%左右。但在日本为16%，美国为20%，有的学校则更多。"②

(三) 忽视人文教育，学生缺乏人文素养

当今的时代在"工具主义"价值观的影响下，人人讲功利，处处讲功利。大学作为社会的一个子系统，也受其影响。这突出表现在大学的课程设置上，偏重于理工类可以短期盈利的专业，而对于侧重于人文修养的不能够短期盈利的专业，则予以忽视。

中国的大部分高校都存在着一方面要争取生源，另一方面要增加盈利的问题。在专业及课程的设置上，往往倾向于迎合社会发展的需

① S. B. 桑普尔：《工程教育与文科教育系统》，《电子高教研究》1992 年第 2 期。
② 吕纯武：《国外理工科大学社会人文科课程设置的状况》，《国外高等工程教育》1987 年第 1 期。

要，社会上需要什么专业，什么专业最能短期见利，就开设什么专业，设置什么课程。短期见利的专业，能够为国家的经济发展尽快贡献出力量。受这一动机的影响，国家在制定政策方面也明显有利于理工类专业，而对于不能短期见利的人文社科类专业的关注则不够。这突出表现在国家拨付的科研经费上，人文社科类专业明显地少于自然科学等各类专业。

在学生和家长的观念上则突出表现在，什么专业最适合社会需求、最好就业就选择什么专业。因此，在高考填报志愿时，大部分优秀的学生都倾向于选择理工类专业，而人文社科类专业常被视为冷门，生源少而且质量差。

国家、学校、家庭三方因素的综合作用，使高校课程设置处于恶性循环状态中，导致高校课程结构安排极不合理，导致学生的知识结构处于不平衡的状态，他们的素质得不到全面的发展，创造性下降、道德水平普遍下滑。

(四) 忽视学生的主体性，制约学习自主性

分科课程的构建是建立在这样一种逻辑的基础上：教育应体现国家的意志，服从于社会的需要；教师作为国家意志的体现者，在教学活动中处于主导地位，他支配着教学活动的全过程，课程的开发、设置、实施和管理应由国家、社会和教育者负责，学生只是被动的接受者。显然，这种逻辑强调了课程服务于社会的价值，却忽略了课程服务于个性发展的价值，强调了教育者之于课程的主体性，却未认可受教育者之于课程的主体性。这一逻辑在课程实施上的表现之一就是单向的，由教育者来提供千人一面的课程，学生的职责只是完成由教育者指定的学习内容。这些学习内容一方面未能充分反映学生的意愿、

兴趣，另一方面未能给学生的自主学习提供广泛的可选择的余地。这种课程既忽视了学习者的自主性，也抹杀了个性差异，同时制约教师主导性的有效发挥。

二、对大学课程设置的几点建议

如何发挥大学课程在社会思维方式变革中的作用呢？笔者认为大学课程设置应从以下几个方面着手。

（一）树立内化课程观

教育是以培养人为最终目的的，高等教育也是如此。针对知识课程观的各种弊病，笔者认为我们要努力转变课程观，实现由知识课程观到内化课程观的转变。

内化课程观是以一定的心理学理论为基础的。皮亚杰认为，人的发展是人对客观现实的适应过程，这一适应是依赖于有机体本身的两个相辅相成的机能——同化和顺应来实现的，也就是人的心理发展是通过同化与顺应，旧的机能不断地从低级的不完善的平衡发展到高级的完善的平衡的过程，因而它是一种主动的适应过程。杜威主张心理学要研究整个有机体对环境的适应活动①。他认为知识本身并不会促进人的发展，只有通过人的内化，知识才可能作用于人，改变人的知识结构，并进而影响人的思维方式。

在这种内化课程观的指导下，人文素质教育在高校中会得到相应

---

① 高觉敷：《西方近代心理学史》，人民教育出版社，1982，第 207 页。

的重视，对于弥补由知识课程观造成的过于专业化的知识结构、学生价值观念的缺失，以及综合思维方式的培养都会有所帮助。

（二）打破学科藩篱，沟通学科联系，课程设置趋向综合化

现代高级专门人才的培养已不能囿于过去那种狭窄的知识面，而必须代之以比较宽厚的知识基础和较广博的文化素养。唯其如此，才能适应科技和社会发展的需要。普利高津的耗散结构理论认为："一个系统要不断地与外界交换物质、能量和信息，在远离平衡的条件下形成稳定而有序的动态结构，这个系统才可能进步与发展。"[①] 每一学科在观察和认识自然与人类社会时，都有独特的视角和方法。当从不同侧面全面了解各学科后，便会形成大容量的知识功能单位，具有广泛的迁移能力，便能借助各学科的思维方式构建具有互补机制的立体思维方式。基于这一思路，对课程结构采取综合化的模式，其主要措施包括：（1）人文的力量加之科学的力量，艺术的力量加之逻辑的力量，将使人文社会科学更有力。文理渗透旨在使学生有较为开阔的视野和较宽厚的基础。例如，在大学里，可以对文科生开设适当程度的理科课程，对理科生则可以开设一些哲学、汉语言文学之类的文科课程。（2）开设联合课程或综合科目课程。将具有关联性的学科以某种方式进行组合，依此解决同一问题。譬如围绕个体生存问题，学生可通过对生理学、心理学、社会学等学科相关知识的学习与探讨形成全面的认识，并形成从不同视角认识和解决问题的意识和能力。开设跨学科的和边缘性的交叉学科课程。这种学科课程试图消除分科课程的

---

① 有宝华：《课程连续统一体——一种新的学校课程系统》，《外国教育资料》2000年第 1 期。

科际界限，以主题或其他方式将有关学科的内容整合在一起，并进行综合的教与学的活动。

（三）加强人文教育，培养人文素质

作为人文素质重要组成部分的哲学思维，就是创造力腾飞的翅膀和创造实践的航标。马克思说过，哲学是文明的活的灵魂，古希腊、古埃及、中国、印度等文明古国，都把在当时高度发达的哲学作为其文明的重要内容和支柱。在中国传统文化中，文史哲是融为一体的，不少千古流传的历史事例、文学作品都蕴含深刻的哲理。学生人文素质的提高，对丰富他们的哲学思维、形象思维，提高创造力有着重要的影响。因此，人文素质教育是创新人才培养的基石，完备的文化素质教育课程可以为大学生提供更加广阔的文化视野、更高的精神追求、更强的文理综合能力和更肥沃的个性发展的土壤。

（四）提供多样化课程，促使学生自主学习

提供多样化课程是高校人才培养规格和类型多样化趋势在课程上的反映。人文素质教育把促进人的全面发展作为自己的根本，体现了对教育主体价值的终极关怀。从教育理论上看，"在整个教学过程中，由学习者个人的需要所形成的动机，是促使学习成功的一个十分重要的因素；高校课程中充分考虑学习者个人的兴趣、爱好和职业志向，是保证高教质量的一个不容忽视的方面"①。因此，在课程设置中应充分满足学生广泛的兴趣与要求，重视个性差异，因材施教。实现课程多样化的一条切实可行的途径是增加选修课，给学生充分的自由度，

---

① 潘懋元、王伟廉：《高等教育学》，福州福建教育出版社，1995，第42页。

让他们根据自己的实际情况来选择课程。学校需要充分利用一切教育资源，提供比学生所选择的内容更广泛的课程。每个选修课要有一个课程方案或灵活的教学计划，在选修主课之外还可开设若干加选课，以拓宽学生的知识面或发展学生的某种专长，满足学生的某种需要。

　　思维方式的转变将是多种因素综合作用的结果，大学的课程只是其中的一个方面。在改革课程的同时，大学的办学理念、办学体制、机制等方面都需要做出一定的改革，除此之外，教育的各个层次、社会中的各子系统等也都需要做出相应的配合，这样才能促进整个社会思维方式的变革，以便于更好地维持人类的生存与发展。

☞第十四章

基于社会需求的公共管理学科研究生 "1+3" 培养模式研究

——以山东财经大学为例

党的十九大报告提出"推动新旧动能转换、建设现代化经济体系""转变政府职能,深化简政放权,创新监管方式,增强政府公信力和执行力,建设人民满意的服务型政府"以及"推进国家治理体系和治理能力现代化"的战略。以此为依据,山东财经大学公共管理学院基于对社会需求的系统分析,构建了社会需求导向下的公共管理学科研究生素质特征体系,通过探求公共管理学科研究生培养困境,在深入剖析学院公共管理学科优势特征与研究生素质特征体系互动机制的基础上,形成基于社会需求的公共管理学科研究生"1+3"培养模式及其保障机制。挖掘公共管理人才培养新动能,创新培养理念,培养适应社会需求的、具有财经特色的公共管理高水平人才,更好地为经济社会发展服务。

第一节　公共管理学科研究生培养的社会需求

明确公共管理高层次人才的社会需求，可以为公共管理学科研究生培养模式变革指出方向。

一、国家治理体系和治理能力现代化需要大量公共管理学科高层次人才

全球化与信息化趋势、世界范围内新公共管理思潮的出现与世界各国 "重塑政府运动" 改革浪潮的冲击，对国家和政府治理能力提出了更高要求。我国改革开放 40 多年来，经济社会发展中的矛盾和问题日益显现：一是城乡之间、区域之间、经济与社会之间发展不平衡，资源环境约束的结构性矛盾突出；二是公共需求的全面快速增长与公共服务、基本公共品的缺失矛盾尖锐；三是随着经济、政治、文化以及社会变迁，利益多样化、主体多元化、表达多样化的趋势逐步显现[①]。上述现实问题使国家治理体系和治理能力现代化成为亟待解决的严峻课题，进一步催生大量的公共管理学科高层次人才需求。

---

① 郭晓琳、刁清涛：《地名工作从管理到服务的实践与探索》，《社会政策研究》2017年第 5 期。

二、现代企业行政管理需要大量公共管理学科高层次人才

受计划经济的惯性思维影响，我国企业中许多行政管理者会照搬党政机关行政管理模式，将企业行政管理重心放在办公室文书、总务后勤等具体事务中，导致员工士气及行政管理效率低下，不利于企业效益持续提升①。打造既"亲"又"清"的政商关系成为企业亟待解决的重要问题，需要大量懂得现代行政管理理念，谙熟政府运作方式的公共管理学科高层次人才。因此，随着我国市场经济改革进程不断推进，企业规模、数量以及行政管理工作复杂化程度日渐提高，对公共管理学科高层次人才的需求将持续上升。

三、第三部门的兴起需要大量公共管理学科高层次人才

第三部门包括社会团体、基金会、民办非企业单位等，同政府、企业共同构成现代社会结构的三大支柱。第三部门能够在一定程度上弥补市场失灵和政府失灵所带来的负面影响。但在"强政府、弱社会"权力格局的中国，第三部门不仅没有强制性和普遍性的国家权力做后盾，运作效率也低于私人部门，在现代社会中所起的作用一直没有受到足够重视。在这一背景下，如何真正建立结构合理的社会组织体系，促进第三部门与政府和市场形成多元的治理结构，推动"强政

---

① 阎伟：《国企管理改革中存在的问题及对策》，《现代经济信息》2017 年第 6 期。

府—弱社会"向"强政府—大社会"转变,"不平衡模式"向"平衡模式转变",进一步催生公共管理学科高层次人才需求。

第二节 明确基于社会需求的公共管理学科研究生的素质特征

明确基于社会需求的公共管理学科研究生的素质特征,是构建社会需求导向下公共管理学科研究生培养模式的关键。

一、研究方法和研究结论

胜任素质模型(Competence Model, CM)是为了完成某项工作,达成某一绩效目标,要求任职者具备的系列不同素质要素组合,包括动机表现、个性与品质要求、自我形象与社会角色特征以及知识与技能水平等方面[①]。本节以胜任素质模型理论为依据,以近五年公共管理学科毕业研究生为调查对象展开调查,表达公共管理学科研究生培养的关键素质特征。共计发放问卷 400 份,回收有效问卷 364 份。调查结果显示,用人单位对公共管理学科研究生胜任素质需求在知识体系、综合能力和人格特质方面较强,毕业研究生普遍反映社会实践和

---

① 张伟萍:《高职院校兼职教师胜任素质模型构建》,《教育发展研究》2014 年第 11 期。

交流沟通等综合能力最为契合社会需求。

（一）知识体系与社会需求的契合度分析（见表14-1）

在公共基础知识中，计算机应用（66.7%）是最适切社会需求的基础知识，其次是公文写作（59.6%），统计学、英语和数学的适切度较低。在专业基础知识中，人力资源管理类课程（60.7%）与社会需求的适切度最高，其次是管理学类课程（50.0%），社会保障学类课程和会计财务管理等课程的比重均是46.4%，占比最低的是经济学类课程。

表 14-1　知识体系与社会需求的契合度分析

大学所学知识		响应①		个案百分比②
		N	百分比	
公共基础知识	A1 计算机应用	74	20.4%	66.7%
	A2 公文写作	59	16.2%	59.6%
	A3 统计学	26	7.1%	29.1%
	A4 英语	21	5.8%	19.3%
	A5 数学	23	6.3%	21.6%
专业基础知识	A6 人力资源管理类课程	60	16.5%	60.7%
	A7 管理学类课程	51	14.0%	50.0%
	A8 社会保障学类课程	23	6.3%	46.4%
	A9 会计财务管理	20	5.5%	46.4%
	A10 经济学类课程	7	1.9%	20.6%
总计		364	100%	420.4%

① 表14-1至表14-4中，"响应百分比"是指该选项被选频率占所有选项被选频率总数的百分比。

② 表14-1至表14-4中，"个案百分比"是指选择该选项的人数占总人数的百分比。

（二）综合能力与社会需求的契合度分析（见表 14-2）

在基础技能中，与社会需求适切度最高的是数据统计与处理（65.3%），其次是信息系统操作（32.7%）、外语（23.8%）。在专业技能中，科研能力（69.9%）、人力资源管理技能（59.6%）、管理基础技能（52.6%）所占比重最大，其次是会计统计等技能（47.4%）、社会保险操作技能（35.1%）。在创新能力方面，与社会需求契合度最高的是创新技能（69.4%），其次为创新意识（66.8%）和创新思维（50.6%）。

表 14-2　综合能力与社会需求的契合度分析

		响应		个案百分比
		N	百分比	
基础技能	B1 数据统计与处理	41	11.3%	65.3%
	B2 信息系统操作	21	5.8%	32.7%
	B3 外语	15	4.1%	23.8%
专业技能	B4 科研能力	44	12.1%	69.9%
	B5 人力资源管理技能	38	10.4%	59.6%
	B6 管理基础技能	34	9.3%	52.6%
	B7 会计统计	30	8.2%	47.4%
	B8 社会保险操作	23	6.3%	35.1%
创新能力	B9 创新意识	42	11.5%	66.8%
	B10 创新思维	32	8.8%	50.6%
	B11 创新技能	44	12.2%	69.4%
合计		364	100%	573.2%

（三）人格特质与社会需求的契合度分析（见表 14-3）

与社会需求契合度最高的是自我控制（59.8%），其次为自信心

（50.9%）和行动的主动性（39.9%）。

表14-3 人格特质与社会需求的契合度分析

人格特质	响应		个案百分比
	N	百分比	
C1 自信心	124	34.1%	50.9%
C2 行动的主动性	55	15.1%	39.9%
C3 自我控制	185	50.8%	59.8%
合计	364	100%	150.6%

（四）公共管理学科毕业研究生的培养建议分析（见表14-4）

被调查公共管理学科毕业研究生将人力资源管理、劳动与社会保障的实验（36.5%）以及见习实习（26.6%）作为能提高其专业能力的方法选择，其次是小组讨论（13.1%）、翻转课堂（13.1%）和理论讲授（9.0%）。

表14-4 对本专业研究生培养建议统计

建议	响应		个案百分比
	N	百分比	
D1 理论讲授	32	9.0%	22.8%
D2 增加实验课程	133	36.5%	71.9%
D3 强化见习实习	97	26.6%	66.7%
D4 小组讨论	48	13.1%	28.1%
D5 翻转课堂	48	13.1%	28.1%
D6 其他	6	1.7%	3.5%
总计	364	100.0%	221.1%

在开放性题目这一部分，本学科毕业研究生对人才培养的建议主要集中于社会实践、交流沟通等综合能力的培养与训练方面。这说明公共管理学科研究生培养在今后应特别加强与学生就业密切相关的人力资源管理、劳动与社会保障等实验设计及实践训练，不断创新教学方法和教育手段，促进学生综合素质提升。

二、公共管理学科研究生的素质特征

综合问卷分析结果，本研究认为以下要素为公共管理学科研究生最契合社会需求的素质特征。

（一）博广精深且结构优化的知识体系

学科知识的综合性、系统性和广泛性是公共管理的突出特点。与社会需求相契合，"厚基础、宽口径、复合型"是当今公共管理学科研究生的基础素质特征，究其本质是人才培养的知识结构问题[1]。就公共管理学科研究生而言，其知识结构应包括基础专业理论知识、学科领域前沿知识、学科交叉融合而成的边缘性知识、处于学科领域基础层面的认识论知识、关涉科技研究的方法论知识。

（二）较强解决复杂问题的实践能力

实践能力是个体运用已有知识与技能解决实际问题所必需的生理

---

[1]　刘健、邹晓平：《怎样构建"卓越"的知识结构》，《中国大学教学》2017 年第 1 期。

与心理特征总和，它能够直接调控个体解决问题的进程与方式①。公共管理学科研究生的基本能力包括文字表达、口头表达、组织协调与公关交往等方面能力，专业能力包括领导协调、政策规划、组织决策与科学研究等方面能力，专业技能包括计算机应用、调查研究、实证分析、文献收集与整理、处理实际公务的操作技能等方面能力。为适应现代公共管理的要求，应特别注重公共管理与经济管理理论、技术与方法相互交融，公共管理知识与能力、经济管理知识与能力"双重结构"建构，提高应用相关知识和技能解决实际问题的能力。

(三) 灵活流畅且系统深刻的多元化思维风格

公共管理学科研究生的素质特征体系包含多种不同的思维方法。"通过不同思维方式的灵敏转换与灵活选择，突破和重构已有的知识、经验和所获得的信息资源，以具有预测性、超前性的新的认知模式把握事物发展的内在本质以及规律"②，有利于从整体上洞察研究对象内部发展规律，透过表象甚至假象抓住事物本质，并从多种因素的相互联系中发现、分析并解决问题，取得创新性研究成果。

(四) 内蕴创新意识与创新精神的个性品质

个性品质即个体所具备的自信心、自主性、责任心、进取心、宽容性等素质特征。良好的个性品质对一个人的事业发展以及人际关系具有

---

① 刘磊、傅维利：《实践能力：含义、结构及培养对策》，《教育科学》2005 年第 4 期。
② 谭炼：《注册会计师金融领军人才应具备的素质》，《科技创业月刊》2016 年第 10 期。

至关重要的作用①。公共管理学科研究生的个性品格包含了一系列折射研究生群体创新意识与创新精神的素质特征项目：由好奇心和求知欲引发的研究目的，兴趣驱动与成就导向的研究动机，善于质疑与勇于变革的创新倾向，坚持执着与求真务实的探索精神，独立自主、开放包容与充满自信的个性品格，勤勉、认真负责的工作态度以及人文关怀精神。

（五）适应现代公共管理多元化要求的综合性创新能力

创新能力包括隐性创新能力与显性创新能力。当这两种创新能力协调发展时，综合创新能力便得以养成②。在公共管理学科研究生的各种关键创新能力中，既有"发现问题、明确问题、表征问题、策略选择"等基本创造力表现特征以及以知识、经验和思维相结合为基础的洞察力、分析力和推理力，同时包含了一系列与公共管理发展趋势要求直接相关的素质要素项目：信息搜索能力与持续学习能力，团队合作能力，掌握科技创新的技术、工具和方法以及将科学研究或技术开发方案转化为具体科研成果的实践操作能力等等。

第三节　公共管理学科研究生培养的现实困境

现阶段，我国公共管理学科研究生培养质量与社会需求还有很大

---

① 刘温：《基于委托代理的我国职业经理人综合评价体系研究》，中国海洋大学硕士论文，2013，第27页。
② 唐志良、刘建江、杨海余：《经济学学科大学生创新能力培养研究》，《创新与创业教育》2010年第3期。

差距，毕业生实际工作能力难以满足市场经济体制下政府、企业、第三部门对公共管理学科高层次人才的需求。

一、导师在人才培养中的参与度有待进一步提升

导师在人才培养中的参与度不高突出体现在两个方面：一方面，公共管理学科研究生培养方案设置由学校或学院直接安排，导师对人才培养方案制定的参与度不足；另一方面，公共管理学科导师负责选修课占比较大，其对在校研究生学习、科研、思想品德教育、就业以及日常生活的指导严重不足。在研究生就业形势转变背景下，造成一些研究生从业意愿与实际择业出现偏差，产生不同职业岗位研究生相对过剩与绝对不足的现象。

二、课程设置结构需要进一步完善

我国公共管理学科发展较晚，课程结构有待完善，主要表现在以下四个方面：第一，课程设置过于笼统和宽泛，缺乏差异性和创新性，体现专业特色的技能课程相对薄弱；第二，以教师为中心的教育形式、重理论灌输的程式化教学模式、重理论轻实践的课程设置，难以按照社会需求培养出高素质、创新型研究生；第三，课程内容缺乏基础学科支撑和相关学科交叉渗透，不利于学生创新能力培养；第四，以国外著作为主的教材内容脱离中国实际，不能将研究生培养与所在地区社会发展需求以及所在院校学科优势特色有机地结合起来，不利于高素质、创新型人才培养。

三、科学研究训练缺乏限制了研究生创新能力提升

科学研究训练缺乏限制了综合素质和创新能力提升，与社会强调公共管理学科人才的应用能力和创新能力形成偏差。主要表现在以下两个方面：一方面，研究生科研方法的学习大都依靠导师指导论文写作过程中的指点和学生自己领悟，研究生科研方法的学习和训练不足，影响公共管理学科研究生从事更深层次科学研究的能力提高；另一方面，当前研究生学习的主要动机多是毕业后可以找到一份高经济回报的工作，较强的功利性造成研究生学习意识与科研意识淡薄、缺乏主动参与科研活动的积极性。

四、社会实践参与不足限制了研究生实践能力提升

我国公共管理学科研究生实践能力培养存在以下四个问题：第一，以导师为中心的传统教学模式主导，实践教学方法单一，不利于培养研究生分析解决问题的能力和创新意识；第二，社会实践内容陈旧空洞，与政府、企业、第三部门等用人单位的实际需求脱节严重；第三，现有导师资源社会实践经验缺乏，不能精准了解用人单位的具体岗位需求、职业技能、工作任务，难以帮助研究生实现与用人单位的无缝对接；第四，课堂教学占较大比重，部分高校未设置实践课程，校外实习基地未真正发挥作用，极大地抑制了学生实践能力的培养。

第四节　基于社会需求的山东财经大学
公共管理学科研究生培养体系

　　为回应社会需求，山东财经大学公共管理学科坚持优化研究生培养体系，努力夯实研究生培养模式变革的基础（见图 14-1）。

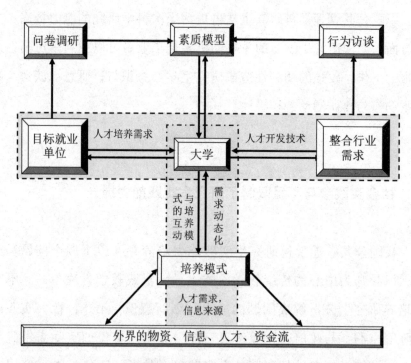

图 14-1　基于素质模型的公共管理类研究生培养与社会需求互动机制

一、开放贯通的学科平台为高层次复合型公共管理研究生培养提供强力支撑

经过多年建设与发展,学院形成了"本—硕—博"贯通的研究生培养格局和发展基础。公共管理学科后发优势明显,一方面可大胆吸收并借鉴经济学、管理学、法学等传统学科已取得的成熟经验与成果,实现跨越式发展;另一方面易于推进各项改革措施,有利于实现公共管理学科发展的科学布局,构建形成开放贯通的集教学、科研、社会服务功能于一体的高层次学科综合创新平台,为公共管理精英研究生的培养提供强力支撑。

二、全面立体的社会服务网络为学生综合素质及实践能力提升提供坚实平台

学院契合"政府—企业—第三部门"多主体、多维度服务社会需求。以"项目研究引导,优势互补,合作共赢"为原则,与政府、企事业单位展开"院府合作""院企合作""院院合作",与海内外科研院所建立密切合作关系,建成集教学与社会实践、教育培训、政府决策咨询等功能于一体的教学、科研与研究生培养基地等科学研究与社会服务平台,为公共管理研究生多主体协同培养及学生综合素质和实践能力提升提供机会和平台。

三、多元"双师型"导师团队为学生实践技能及适应能力提升提供人力保障

　　学院拥有结构合理的师资队伍梯队及德才兼备的学科带头人和学术骨干。其独特观念和思维方式为研究生创新能力和创新意识养成提供可能。学院选派教师到相关单位挂职锻炼、参加行业职业资格认证培训、前往签约合作单位进修学习·聘请行业（企业、政府职能部门）专家担任企业导师等多种实践形式全力打造"双师型"教师队伍骨干体系。通过"外引内培"，已初步形成结构合理、师德高尚、教学水平高、专业能力强、专兼结合的"双师型"教学团队。为增强学生就业能力，实现学生与用人单位需求的零距离对接提供了坚实保障。

四、多维立体的实践教学体系为学生创新思维和创新能力提升提供平台支撑

　　学院立足解决"为谁培养、培养什么、怎么培养"的问题，建立了"以研究生实践创新能力为核心，以优化研究生培养方案为引领，以共享实验实践教学资源为媒介，以实习实践基地建设为平台，以研究生创新性实验和学术竞赛为载体，以学位制度改革为突破口，以监控机制和激励机制为保障"的实践教学体系。构成基本实践能力与操作技能、专业技术应用能力与专业技能、综合实践能力与综合技能有

机结合的完整系统。通过实验教学、实训教学、实习教学培养学生的创新思维和创新实践能力。

第五节　山东财经大学公共管理学科研究生"1+3"培养模式的主要内容

在公共管理学科研究生素质特征体系构建的基础上，山东财经大学公共管理学院结合学院公共管理学科培养优势特征，将社会需求导向下的公共管理学科研究生培养目标定位为"高素质创新型研究生"。

基于公共管理学科发展趋势，借鉴西方发达国家公共管理学科研究生培养模式和我国部分高校的创新模式，结合自身公共管理学科优势特征以及师资力量、学生来源、就业去向等具体因素，构建形成契合社会需求的具有财经类高校特色的立体式公共管理学科研究生"1+3"培养模式。

一、导师主导的培养框架设计

面向地方培养适应财经管理和企事业一线需要的高素质应用型、创新型高级专门人才，对导师制提出挑战。第一，学院强化在职实践教学教师的培训，注意对实验技术人员的培养和提高，聘请涵盖各专业核心课程的来自政府和企业一线的高手组成客座教师队伍。建设一支既具有扎实理论功底，又具有实际工作能力和经验的"双师型"师资队伍。第二，创新聘任形式，落实学校与导师在聘任管理中的各项权利义务和应承担的相关责任。改革并完善相关奖惩措施，以开放式的导师资格认定制度为前提，保障导师的各项权益。明确导师职务评审标准，规范导师晋升与考核。

二、财经特色课程教学模块设计

第一，设计涵盖经济学、管理学、法学、社会学等基础知识学习和应用的知识、能力、素质三位一体的课程体系。第二，结合学院公共管理学科特点，从以社会科学为基础转向以工商管理为基础。征求政府部门或社区管理人员对专业人才培养规格和知识结构的意见并整合形成"活教案"。第三，改革创新研讨式教学、案例教学法、指导学生自学的教学方法体系，完善形成以科研素养和创新能力为导向的教学方式。第四，选派多名年轻教师赴海外访学，全面了解所访学校的课程内容设置、课堂授课、课后作业批改等环节，并结合学院公共管理学科特色和优势，设计双语授课课程大纲。

三、科学研究模块设计

学院规定研究生须在一年的课程学习后，进入课题组从事研究型课题研究。2013—2017 年，土地资源管理专业与临沂市国土资源局、潍坊市国土资源局和昌邑市国土资源局建立土地资源管理教学实践基地。该学科研究生导师先后组织 40 多名研究生参与土地利用评价、土地利用总体规划、土地综合整治等各类课题研究。结合课题主题、学生研究兴趣及专长积极吸纳在读研究生参与课题论证、调研和写作等环节，由科研能力突出、科研经验丰富的教师开展一对一指导，以此提升研究生科研和实际创新能力、就业竞争能力。

四、实践应用模块设计

研究生的实践能力由一般实践能力、专业实践能力和综合实践能力构成。其中，一般实践能力包括表达能力、适应环境能力、人际交往能力、组织管理能力等方面；专业实践能力是指运用所学专业理论分析问题与解决问题的能力；综合实践能力是指长期积累的解决综合问题的高级能力。比如，学院承担"山东省国家级食品安全城市创建评估验收项目（第一批）""山东省食品安全先进县（市、区）创建评估验收项目""山东省食品安全城市创建评估验收项目"，为研究生专业技能和实践能力培养提供了创新实践教学平台和实训基地。

第六节　山东财经大学公共管理学科研究生
"1+3"培养模式的保障机制

为保证公共管理学科研究生"1+3"培养模式顺利实施，学院从思想教育、组织机构、制度管理、培养经费和人力资源五个方面构建系统、全面、有效的保障机制（见图14-2）。

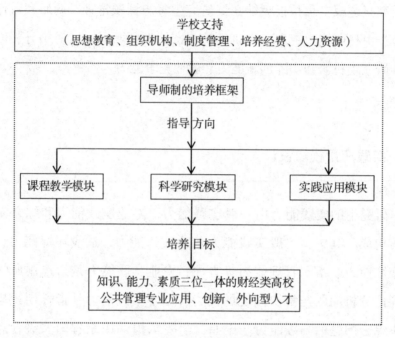

图14-2 公共管理研究生"1+3"培养模式及其保障机制框架

一、思想教育保障

第一，公共管理促使公共组织尤其政府组织更有效地提供公共物品，要求应以德才兼备作为公共管理学科研究生培养的总体要求，注重培养研究生道德责任意识。第二，以公共精神作为思想价值取向，培养研究生具备以宪法原则为依据的基本价值的崇尚、对于公共行政基本原则的信守以及对于公共行政职业伦理的遵从等公共精神。第三，应以"厚基础、宽口径、复合型"人才素质特征为主要培养内容，强调多学科交叉。

二、组织机构保障

第一，理顺学院、系、导师的权责利关系，形成开放、合作、共赢的良性培养机制。学院负责学科建设的总体布局规划；各系负责制定实施具体专业的建设规划；导师负责调动并激励研究生参与论文写作、社会实践等具体工作。第二，充分整合政府、企业和第三部门等多方面资源，建设政府管理研究所、社会保障研究所、公共组织与人力资源管理研究所、土地资源管理研究所和城市管理研究所等科研机构，逐步形成"山东省公共财政制度与社会保障制度重点研究基地""山东省政府规制与经济社会发展研究基地""山东省公共政策软科学研究基地""土地资源管理研究与人才培养基地"。

三、制度管理保障

第一，学院和机关、企业等用人单位组成"人才培养质量监控小组"，在学科建设和研究生培养的组织实施、经费管理、评估考核等方面制定相关规章制度，约束保证研究生培养质量。第二，学院成立专业建设与人才培养领导小组，在研究生科研奖励、学术交流和实践创新等方面探讨建立配套管理办法，优先保证重点专业、特色专业和潜力专业发展的需要。第三，制定用人单位满意度调查制度和毕业生跟踪走访制度，对研究生培养质量进行第三方评估，根据学科建设与研究生培养缺项及时采取补救措施。

四、培养经费保障

第一，积极争取省级、校级一流学科建设财政支持，优化使用配套经费。建立学科自筹和吸引社会投入的多元资金筹措机制。加大资金使用的监控与评估，保障资金使用效益。第二，每年拿出部分经费激励研究生参与教师课题申报工作，支持研究生参与双语教学和申报国际访学深造项目，推荐优秀研究生到用人单位从事科学研究和实习锻炼，增强研究生对社会环境的适应能力。第三，从公共管理学科创收经费（MPA 教育）中划出一定比例，用于购置学科建设所需图书资料，加强网络电子信息资源建设，为研究生培养提供良好的物质基础。

五、人力资源保障

第一，强化组织领导和统筹协调，建立健全有效工作机制，将高层次人才队伍建设摆在学科建设的重要位置。第二，依托长江学者、泰山学者等高层次人才岗位，发挥研究生导师在"学科带头人→学术带头人→学术骨干→中青年博士教师"梯状结构的辐射作用，建立政府规制与公共政策、社会保障、行政管理、土地资源与城市管理、教育经济与管理等教学科研一体化创新团队。第三，加大人才引进力度，邀请符合学校要求的优秀人才加入公共管理学科，着力改善教师学缘结构。第四,建立中青年教师赴境外学习交流机制,依托"课程国际化项目",聘请海外院校知名教授参与公共管理学科建设、青年教师培养,为公共管理学科研究生培养提供优秀的师资队伍。

参考文献

一、中文类

（一）专著

［1］B. S. 布鲁姆等. 教育评价［M］. 邱渊，译. 上海：华东师范大学出版社，1987.

［2］陈新汉. 评价论导论：知识论的一个新领域［M］. 上海：上海社会科学院出版社，1995.

［3］陈玉琨. 教育评价学［M］. 北京：人民教育出版社，1998.

［4］唐纳德·肯尼迪. 学术责任［M］. 阎凤桥等，译. 新华出版社，2002.

［5］约翰·D·布兰思福特. 人是如何学习的——大脑、心理、经验及学校（扩展版）［M］. 程可拉等，译. 华东师范大学出版社，2012.

［6］张维迎. 大学的逻辑［M］. 北京：北京大学出版社，2012.

［7］迈克尔·普罗瑟，基思·特里格维尔. 如何提高学生学习质量［M］. 北京：北京大学出版社，2013.

（二）期刊

[1] 安东尼·西科恩，高筱卉. 大学教学学术：历史发展、原则与实践、挑战与教训 [J]. 高等工程教育研究，2022（3）：146—152.

[2] 张应强. 大学教师的专业化和教学能力建设 [J]. 现代大学教育，2010（4）：35—39.

[3] 别敦荣. 大学教学改革新思维和新方向 [J]. 中国高教研究，2020（5）：66—70.

[4] 陈振明. 公共管理的实践变化与学科转型 [J]. 公共管理评论，2019（3）：41—48.

[5] 陈正. 基于学习成果的财经类课程课堂教学评价探讨 [J]. 高教学刊，2022（21）：93—96.

[6] 程广文. 教学学术的历史、逻辑及实践旨趣 [J]. 湖北社会科学，2020（9）：146—154.

[7] 邓琳，乔雪. 高等学校青年教师岗前培训的现状分析与对策 [J]. 继续教育研究，2010（8）：163—164.

[8] 董新良，闫领楠，赵越. 教师教育课程一体化构建：问题、理念及对策——以地方高师院校为例 [J]. 教师教育研究，2020（1）：1—7.

[9] 李志河，忻慧敏，王孙禺，等. 教学学术的学术本质及其发展路径 [J]. 现代教育管理，2020（6）：69—76.

[10] 李琳琳. 本科生课外学习时间投入特征与影响因素研究 [J]. 中国高教研究，2020（6）：20—31.

[11] 李晓华，刘静芳. 大学教师教学学术水平影响因素的实证研究 [J]. 当代教育与文化，2021（2）：93—98.

[12] 李志义，朱泓. 以先进的质量保障理念促进本科教育教学综合改

革——新一轮审核评估指标体系内涵解析［J］.高等工程教育研究, 2021（6）: 75—80.

[13] 刘振天, 俞兆达. 新时代中国高等教育质量革命: 观念转变与行动路线［J］.高等教育研究, 2021（4）: 1—14.

[14] 刘振天. 回归教学生活: 我国新一轮高校本科教学评估制度设计及其范式变革［J］.清华大学教育研究, 2013（6）: 39—45.

[15] 刘化喜, 朱中华. 构建以学生为本的高校本科教学评估模式［J］.高教发展与评估, 2022（2）: 33—41.

[16] 陆根书, 李珍艳, 徐菲等. 普通高校本科教学工作审核评估存在的问题及其改进策略［J］.江苏高教, 2020（11）: 1—8.

[17] 罗生全. 着眼于教学效能与学习效能提升的学业负担问题解决［J］.教育发展研究, 2018（10）: 3.

[18] 刘晖, 张灵. "以学生为中心"的地方大学本科教育改革的现状、问题及对策建议——基于中心城市大学的 NSSE－China 数据［J］.高等教育研究, 2013（12）: 60—71.

[19] 李志河, 钟秉林, 秦一帆等. 高校教师教学学术水平的实证研究——基于我国内地 40 所高校教师样本［J］.江苏高教, 2020（8）: 35—42.

[20] 李运庆. 浅析大学育人职能的丧失及其对策研究［J］.皖西学院学报, 2012（3）: 25—28.

[21] 罗平西. 现代教育背景下的教师专业化特征及实现途径［J］.教学与管理, 2019（9）: 57—59.

[22] 刘化喜, 朱中华. 构建以学生为本的高校本科教学评估模式［J］.高教发展与评估, 2022（2）: 33—41.

[23] 刘晖, 邱若宜. 我国本科教学评估中"质量观"的变革与启示

［J］. 高教探索，2019（6）：5—10.

［24］胡元林. 地方本科高校学生学习满意度影响因素研究——基于学生自我学习效能的视角［J］. 高教探索，2018（3）：43—50.

［25］黄福涛. 大学课程研究及其分析框架构建［J］. 清华大学教育研究，2022（2）：47—63.

［26］封世蓝，谭娅，金文旺，等. 中国高等教育质量与高校毕业生起薪——基于全国高校毕业生就业状况调查的定量研究［J］. 世界经济文汇，2019（3）：73—84.

［27］晋银峰. 教学专业化困境及其突破［J］. 中国教育学刊，2012（3）：52—55.

［28］康晓伟，田国秀. 教师教育者专业发展何以可能？——基于中国古代哲学"道法术器势"思想的视角［J］. 教师教育研究，2021（6）：64—71.

［29］郭建鹏，刘公园，杨凌燕. 大学生学习投入的影响机制与模型——基于311所本科高等学校的学情调查［J］. 教育研究，2021（8）：104—115.

［30］郭卉，韩婷. 大学生科研学习投入对学习收获影响的实证研究［J］. 教育研究，2018（6）：60—69.

［31］高石磊. 大学文化育人功能的实现路径［J］. 中国高等教育，2020（5）：55—57.

［32］高筱卉，赵炬明. 舒尔曼大学教学学术思想初探［J］. 高等工程教育研究，2022（2）：143—149.

［33］高耀明. 绩效评价制度与大学教学发展——美国南卡罗来纳州公立高校绩效资助制度及其启示［J］. 江苏高教，2017（10）：52—55.

[34] 顾明远，滕珺，韩思阳.上好每一堂课，教好每一个学生——顾明远先生教师教育思想专访 [J].教师教育学报，2021（2）：1—8.

[35] 石君齐，叶菊艳.论"实践-引导-反思"取向的高校教师专业发展路径 [J].教师教育研究，2017（6）：81—87.

[36] 谢维和.课程与学程——普及化阶段大学教学改革之一 [J].中国高教研究，2022（2）：1—5.

[37] 颜建勇，黄珊，郭剑鸣.大学教师教学学术能力发展机制构建研究 [J].现代大学教育，2022（3）：102—110.

[38] 晁亚群，林杰.美国大学教师教学发展项目的评估研究 [J].高教发展与评估，2022（1）：13—22.

[39] 叶玲娟.高校教师专业发展中"内生模式"与"外控模式"的协同效应 [J].江苏高教，2017（4）：65—67.

[40] 王海涛，武凤群.我国高校教师绩效评价研究热点与发展探析 [J].国家教育行政学院学报，2016（11）：45—52.

[41] 王骏，刘泽云.教育：提升人力资本还是发送信号 [J].教育与经济，2015（4）：30—37.

[42] 汪雅霜.大学生学习投入度对学习收获影响的实证研究——基于多层线性模型的分析结果 [J].国家教育行政学院学报，2015（7）：76—81.

[43] 汪雅霜.大学生学习投入度的实证研究——基于2012年"国家大学生学习情况调查"数据分析 [J].中国高教研究，2013（1）：32—36.

[44] 王杨楠.美国菲利普埃斯特中学：办学理念与课程教学变革 [J].课程·教材·教法，2016（4）：122.

[45] 王占魁.培养"教师——学者"：重温威廉·巴格莱的教师教育哲

学〔J〕.华东师范大学学报（教育科学版），2022（7）：48—57.

[46] 武法提，张琪.学习行为投入：定义、分析框架与理论模型〔J〕.中国电化教育，2018（1）：35—41.

[47] 文雯，王嵩迪.知识视角下大学跨学科课程演进及其特点〔J〕.中国大学教学，2022（4）：75—96.

[48] 彭正梅，王清涛，温辉等.迈向"生态正义"的新人文教育：论后疫情时代教育的范式转型〔J〕.开放教育研究，2021（6）：4—14.

[49] 梅兵，周彬.新时代高水平师范大学的育人使命与教育担当〔J〕.教育研究，2022（4）：136—142.

[50] 彭拥军.质量观演进与高等教育评价的耦合〔J〕.江苏高教，2020（10）：8—15.

[51] 夏美武，徐月红.应用型高校联盟的生成逻辑及价值意蕴——基于地方普通本科高校转型发展的分析视角〔J〕.现代大学教育，2015（6）：70—76.

[52] 邢红军，田望璇.课堂教学评价理论：反思与建构〔J〕.课程·教材·教法，2020（6）：53—58.

[53] 杨清.学校课堂教学评价：价值的判断、挖掘与提升〔J〕.教育科学研究，2021（11）：61—71.

[54] 杨跃.论教师教育课程的研究型教学〔J〕.当代教育科学，2020（9）：53—58.

[55] 朱炎军，郭婧.高校教师教学学术发展力指标体系的构建——基于德尔菲法的研究〔J〕.高教探索，2019（3）：110—117.

[56] 查永军.教学管理视角下高校教师教学学术专业发展路径研究〔J〕.黑龙江高教研究，2018（7）：118—121.

[57] 赵炬明，高筱卉.赋能教师：大学教学学术与教师发展——美国

以学生为中心本科教学改革研究之七［J］. 高等工程教育研究,
2020（3）：17—36.

［58］朱晓宏, 王蒙. 教师教育大学化：反思与重构［J］. 华东师范大学
学报（教育科学版）, 2022（3）：75—88.

［59］赵菊珊. 基于教学学术视角的高校教师教学发展思考［J］. 中国
大学教学, 2021（8）：92—96.

［60］周丽萍, 蒋承. 拼证能否提薪？——通用型证书的收入效应和信
号发送机制研究［J］. 教育与经济, 2020（1）：42—53.

［61］张继明, 宋尚桂. 后现代主义大学教学观的匡正——大学教学现代
化进程中传统价值的回归［J］. 大学教育科学, 2017（1）：75—80.

［62］朱楠, 王楠. 我国高等教育高质量发展的演变及路径［J］. 中国
高等教育, 2019（22）：55—59.

［63］朱红. 建构一流本科生科研参与的大学环境——基于挑战与支持
视角的质性研究［J］. 国家教育行政学院学报, 2019（4）：
47—54.

［64］朱红灿. 大学生学习投入影响因素的研究——基于学习行为投入、
情感投入、认知投入维度［J］. 高教论坛, 2014（4）：36—40.

［65］张莉娜, 钟祖荣, 刘红云等. 教育评价改革背景下教师绩效考评
的探索与思考——基于增值评价的视角［J］. 教育科学研究,
2022（8）：23—29.

［66］张晓明, 李佳慧, 王国平. 高校院系绩效价值评估研究［J］.《江
苏高教》2019 年第 1 期。

［67］张军, 李涛. 师范教育与经济发展：来自近代中国的证据［J］. 学
术月刊, 2022（5）：46—59.

［68］赵炬明. 聚焦设计：实践与方法（上）——美国"以学生为中

心"的本科教学改革研究之三 [J]. 高等工程教育研究, 2018 (2): 30—44.

[69] 左璜, 罗羽乔. 网络环境下教学学术表征范式嬗变: 基于知识表征视角 [J]. 现代远程教育研究, 2019 (2): 23—39.

[70] 赵炬明. 什么是好的课程设计 [J]. 高等教育研究, 2020 (9): 84—87.

(三) 报纸

[1] 张秋旭. 新加坡: 教师专业化成长的摇篮 [N]. 中国教师报, 2018 -7-11 (3).

二、外文类

(一) 专著

[1] Pat Hutchings, et al.. *Scholarship of Teaching and Learning Reconsidered: Institutional Integration and Impact* [M]. San Francisco: Jossey -Bass, 2011.

[2] George D. Kuh, et al.. *Using Evidence of Student Learning to Improve Higher Education* [M]. San Francisco: Jossey-Bass, 2015.

[3] McKinney, K. *Enhancing Learning through the Scholarship of Teaching and Learning: the Challenges and Joys of Juggling* [M]. San Francisco: Jossey-Bass, 2007.

（二）期刊

［1］Rice, R. E.. The new American scholar: Scholarship and the purposes of the university ［J］. *Metropolitan Universities*, 1991, 1 (4): 7—18.

［2］John Canning, Rachel Masika.. The scholarship of teaching and learning (SoTL): the thorn in the flesh of educational research ［J］. *Studies in Higher Education*, 2022, 47 (6): 1084—1096.

［3］Seung Hyun Lee, Cynthia S. Deale.. A scholarship of teaching and learning study of hospitality students' attitudes toward and perceptions of math ［J］. *Journal of Teaching in Travel & Tourism*, 2022, 22 (2): 126—143.

［4］Issam Dagher, Elio Dahdah. Facial expression recognition using three-stage support vector machines ［J］. *Visual Computing for Industry, Biomedicine, and Art*. 2019, 2 (1): 1—9.

［5］Santoro, M. D., Bierly, P. E.. Facilitators of knowledge knowledge transfer in university－industry, collaborations: a knowledge－based perspective ［J］. *IEEE Transactions on Engineering Management*, 2006, 53 (4): 495—507.

［6］Lee Yong S. University－industry collaboration on technology transfer: Views from the Ivory Tower ［J］. *Policy Study Journal*, 1998, 26 (1): 69.

［7］John S Levin, Virginia Montero－Hernandez. Divided Identity: Part－Time Faculty in Public Colleges and Universities ［J］. *The Review of Higher Education*, 2014, 37 (4): 531—557.

［8］Lee Shulman. From Minsk to Pinsk: Why a Scholarship of Teaching and

Learning? [J]. *The Journal of Scholarship of Teaching and Learning*, 2000, 1 (1): 48—52.

[9] Trigwell, K., Elaine Martin, E., Benjamin, J. & Prosser, M.. Scholarship of Teaching: a Model [J]. *Higher Education Research & Development*, 2000, 19 (2): 155—168.

[10] Jorge J, Montt J, etc.. Impact of Faculty Development Workshops in Student – Centered Teaching Methodologies on Faculty Members' Teaching and Their Students' Perceptions [J]. *Journal of Dental Education*, 2017, 81 (6): 675—684.

[11] Catherine D. Rawn, Joanne A. Fox. Understanding the Work and Perceptions of Teaching Focused Faculty in a Changing Academic Landscape [J]. *Research in Higher Educations*, 2018, 59 (5): 591—622.

[12] George D. Kuh. Assessing what really matters to student learning [J]. *Change*, 2001, 33 (3): 10.

[13] Roger Boshier. Why is the Scholarship of Teaching and Learning such a hard sell? [J]. *Higher Education Research & Development*, 2009, 28 (1): 1—15.

[14] Judy Williams. The Professional Learning of Teacher Educators Leading International Professional Experience [J]. *Journal of Studies in International Education*, 2019, 23 (4): 497—510.

[15] Diane Truscott, Kim Stevens Barker. Developing Teacher Identities as In Situ Teacher Educators through Communities of Practice [J]. *The New Educator*, 2020, 16 (4): 333—351.

[16] Caroline Kreber, Patricia A. Cranton.. Exploring the Scholarship of Teaching [J]. *The Journal of Higher Education*, 2000, 71 (4):

476—495.

[17] Pat Hutchings, Lee S. Shulman.. The Scholarship of Teaching: New E-
laborations, New Development [J]. *Change*, 1999, 31 (5): 10—15.

[18] David M. Dees.. Personal Reflection: A Reflection on the Scholarship
of Teaching and Learning as Democratic Practice [J]. *International
Journal for the Scholarship of Teaching and Learning*, 2008, 2 (2):
1—3.

[19] Lee S. Shulman.. Knowledge and Teaching: Foundations of the New
Reform [J]. *Harvard Educational Review*, 1987, 57 (1): 1—22.